KB241331

혼자 피는 꽃은 없다

혼자 피는 꽃은 없다

초판인쇄 2022년 3월 25일
초판발행 2022년 3월 25일

지은이   노경희
펴낸이   채종준
펴낸곳   한국학술정보(주)
주 소   경기도 파주시 회동길 230(문발동)
전 화   031-908-3181(대표)
팩 스   031-908-3189
홈페이지 http://ebook.kstudy.com
E-mail   출판사업부 publish@kstudy.com
출판신고 2003년 9월 25일 제406-2003-000012호

ISBN   979-11-6801-426-8   03330

이 책은 한국학술정보(주)와 저작자의 지적 재산으로서 무단 전재와 복제를 금합니다.
책에 대한 더 나은 생각, 끊임없는 고민, 독자를 생각하는 마음으로 보다 좋은 책을 만들어갑니다.

혼자 피는 꽃은 없다

압화 심리치료 상담 이야기

노경희 지음

이담북스

꽃잎으로 '나' 표현하기

제목: 나도 꽃이야

여고 2학년 ○○○

일반적인 꽃과 다른 모양이지만

나도 '꽃'이란다.

제목: 버텨

여고 1학년 ○○○

가운데 여린 한 송이 꽃이 본인이란다.

주변 환경으로부터 버텨내는 자기가 너무도 불쌍하단다.

제목: 보이지 !
여중 3학년 ○○○

이젠 본인의 눈으로 보이는 것만
보고 싶단다.

제목: 고마워 힘내

노경희(2017년작)

성장하고 싶은 '나'다.

가슴 깊숙한 곳에서 다양한 에너지를 발현시켜 필요한

이들에게 전해주고 싶다.

상처받은 영혼을 치유하는 꽃, 압화

아름답지 않은 꽃은 없습니다. 꽃은 저마다 고유한 빛깔이 있고 자기만의 아름다움이 있습니다.

"코스모스나 봉숭아꽃이 풋풋한 소녀를 떠올리게 한다면 연보랏빛 라일락꽃은 이십 대 초반의 여성이 주는 청순한 아름다움 같은 걸 연상하게 합니다. 모란이나 백목련 함박꽃에는 기품 있는 중년 여인의 아름다움이 깃들어 있습니다. 모란꽃은 화사한 모습의 중년 여인을, 백목련이나 함박꽃은 청초한 중년 여인의 모습을 떠올리게 합니다. 수많은 꽃이 다 저마다 향기가 있고 저마다 아름다움이 있습니다. 꽃만 그런 게 아니라 사람도 저마다 향기가 다르고 빛깔이 다르며 지니고 있는 아름다움이 미세하게 다 다릅니다."

제가 쓴 산문《꽃은 저마다 향기가 있고 아름다움이 있다》의 한 부분입니다.

그러나 안타까운 게 있습니다. 꽃의 이런 아름다움이 오래가지 않는다는 것입니다. 붙잡아 두고 싶지만 뜻대로 할 수 없습니다. 그래서 사람들은 꽃을 그림으로 남기고 사진으로 간직하기도 합니다. 마른 꽃으로 바꾸어 조금 더 아름다운 날들을 연장해 보기도 하고 조화로 만들어서 지니고 있기도 합니다. 압화도 그 중 하나입니다. 압화는 눌러 말린 꽃입니다. 꽃을 어떤 형태로든 곁에 조금 더 오래 두고 싶어 하는 까닭은 나도 꽃처럼 아름답고 싶기 때문입니다. 인성(人性)과 물성(物性)은 본질적으로 같은 데가 있는 게 아닌가 싶습니다.

그런데 단순히 아름다움을 지니고 싶은 데서 그치지 않고 눌러 말린 꽃을 활용하여 다친 마음을 치유하는 심리 치료의 방식으로 활용하는 이 책의 사례들을 접하고 놀랐습니다. 저마다 끌리는 꽃을 선택하게 하고 원하는 색상으로 물을 들이는 과정을 살피고 꽃을 평면화하고 작품으로 표현하는 동안 각각의 단계에서 성취감, 신비감, 존중감, 만족감을 느끼게 합니다. 치료사는 압화로 표현된 형태를 통해 자아의 모습을 탐색하고, 만드는 이는 내면의 정화가 일어나며 정서적 안정감과 관대함이 확장되어 자존감이 향상되고 이 과정에서 다친 마음이 치유되는 것입니다.

색깔도 각각 상징성이 있다고 합니다. 빨강색을 많이 활용할 경우 열정을 표현하고 싶고 적극적이며, 주황색은 따스하게 에너지를 사용하며 일관성이 있다는 의미이며, 노랑색은 회복이 된 기쁨과 기대감을, 초록은 안정된 마음을 편안하게 표현하는 것이며 인정받고 싶은 욕구와 자신감을 드러내는 것이라고 합니다. 하늘색은 명료하고 유쾌하며 자신을 드러냄으로써 도움을 주고자 하는 것이며, 파랑색은 안정된 상태로의 휴식을 원하는 것이며, 보라색은 보편적이며 어울림을 추구하는 마음을 드러낸 것이고, 남색은 지배하고 싶은 욕구와 뛰어난 자기 인식을, 분홍색은 확장하고 싶은 마음과 냉정한 판단력을 상징한다고 합니다. 내담자가 압화로 어떤 형상을 만들어 가는 동안 치료사는 표현하는 꽃의 색깔과 크기와 형태를 보며 그의 마음 상태를 알게 되는 것입니다. 아니 압화 작업을 하는 동안 스스로 정서적 안정을 찾게 되고 이해와 존중을 받는 경험이 부정적인 인식을 긍정적으로 바꾸어 우울증이 치유되거나 학교 생활에 적응하게 되더라는 것입니다.

자기 몸과 화장실을 락스로 두 시간씩 닦아내며 불안에 떨며 생활하던 학생의 사례가 이 책에 나옵니다. 앞자리 남학생의 위압적인 목소리와 욕설이 다섯 살 무렵 책상 밑에 숨어서 숨죽이며 지내던 날의 트라우마를 불러와 이상 행동을 하게 되고 학교에 부적응하던 여학생을 압화가 다시 소생시킵니다. 압화 작업을 하는 동안 지지와 격려를 받게 되고 자아의 모습과 그 속에 내재하던 공포와 다시 직면한 뒤 천천히 자신감을 회복하고 대안을 찾아가더라는 것입니다.

이린이라는 고등학교 1학년 학생의 사례도 감동적입니다. 이린이는 3개 국어에 능통하고 영리하며 모든 걸 다 갖춘 아이였습니다. 이대로 학교 생활이 이어지면 의대 졸업 뒤 아빠 병원을 물려받게 될 것으로 알고 있었습니다. 그런 이린이가 자살을 기도하고 우울증 약을 복용하며 자퇴 결심을 하고 있었습니다. 압화를 통해서 자아를 들여다보니 자신의 세계를 철저히 감싸고 있는 자기중심적인 성향과 그 안에 짙은 불안감도 있었습니다. 5일 후에 만든 압화에는 주변 환경의 풍요로움 속에 자신이 돋보이지만 양가감정도 드러나 있었습니다. 10일 후에 작업한 압화에는 정서적으로 안정적 지지기반이 형성되었고 대립되는 양가감정이 분화되는 모습이 보였습니다. 이린이를 치유하던 과정에 대해 저자 노경희 소장은 이렇게 말합니다.

"이린이의 작품은 자기 확신에 차 있고 단순 명료하며, 직접적이고 내면의 힘이 응축되어 있다. 가슴 속 깊이 있는 욕구를 서서히 드러내며, 늘 쓰던 패턴 군청색에서 서서히 밝은 톤으로 옮겨가며 마지막 작품에서는 화려하고 정열적인 다홍색과 대립시키며 진짜 자신과 마주했다. 마지막 작품 비전 시계를 만들며 드디어 자기를 드러냈다. 분출되어야만 할 에너지가 무의식을 방어하지 못하고 발현되었다. 현재 드러나 있는 성실하고 자기 규제를 하는 목표와 정반대되는 활력 넘치고 공격적인 에너지와 갈등이 있다.

상담 마지막 날 엄마와 함께 왔다.

"이린아, 진정 하고 싶은 것을 하고 있니?" 이 말 끝에 이린이가 갑자기 울기 시작했다. 엄마는 적잖이 당황했고 난 반가웠다.

이린이는 최선을 다하고 모범적으로 살아도 채워지지 않는 그 무언가가 있는 걸 알았지만 그걸 감내할 용기가 없어 억압하고 회피하며 살았던 것입니다. 이린이는 의사도 되고 싶지만 뮤지컬 배우도 되고 싶었습니다. 의사는 자기의 목표가 아니라 우리의 목표가 되어 있었습니다. 우리의 목표에 가려진 진정한 욕구와 끼로 인해 갈등하고 우울해 하며 정신과 치료를 받았지만 효과가 없었던 것입니다. 현재 이린이는 자퇴하고 뮤지컬 배우가 되기 위해 한예종을 목표로 연기학원에 등록해 고1로 다시 입학했습니다. 오늘의 고1 이린이는 작년의 이린이가 아닙니다. 이린이를 다시 살려낸 것은 압화 치료였습니다.

상처받은 영혼들을 치료해주는 노경희 소장은 이린이보다 더 뼈저린 아픔을 겪었습니다. 아들을 정말로 잘 키워야겠다는 생각으로 정성을 다했고 교육에 최선을 다했습니다. 작은 실수도 용납하지 않았고 도덕적인 인간이 돼야 한다고 가르쳤습니다. 모두 다 100점을 맞으면 핸드폰을 사주겠다고 했는데 '채도'를 '체도'라고 써서 틀린 것은 100점이나 마찬가지이니 핸드폰을 사주시라는 담임 선생님의 전화를 일언지하에 거절하는 엄마였습니다.

그러나 그런 엄격성이 아들을 빗나가게 했고 결국 아들은 절도와 술, 담배, 가출, 자해도 본인을 피곱히고 사곡을 충적에 빠르뗬습니다. 아들이 예의 바르고 성품 고운 옛날의 아들로 돌아올 것 같지 않은 자책감과 생계로 인한 버거움으로 우울증이 생겼다고 합니다. 남편은 폐쇄성 폐 질환으로 중환자실에 입원해 고생하던 시기였답니다. 이 힘든 시기에 노경희 소장은 압화와 만났습니다.

"이 힘든 시기에 꽃으로 압화를 만드는 과정은 우울증을 치료해 주었다. 입체 꽃을 원하는 색으로 염색하여 평면화시키는 과정에 여린 꽃잎 처리를 위한 몰입은 현 상황을 잊게 하고, 꽃이 물드는 과정을 보는 환희는 부정적인 감정을 날려버리는 마력이 있었다. 가슴 저 밑에 있는 순수함과 아름다움, 고마움과 설렘이 한꺼번에 올라왔다. 저절로 미소 짓게 하며 그 속으로 빨려 들어가 꽃이 되었다."

압화를 통해 엄마가 우울증에서 벗어나고, 엄마가 돌아오자 아들도 돌아왔습니다. 그래서 엄마는 아들이 자신을 키웠다고 합니다. 아들이 키운 엄마는 자존감 강사가 되고 중독 상담 전문가도 되었습니다. 그런 감동적인 이야기들이 이 책 안에 가득합니다. 독자 여러분께 눌러 말린 꽃과 함께 이 좋은 책을 권합니다.

전 문화부 장관
현 국회의원 도종환

압화를 통해 짓눌렸던 생명이 살아나다

"넌 어찌 살고 싶니?"

비행을 반복하던 문제 아들은 바로 밀했다.

"엄마, 난 행복해지고 싶어요."

그토록 원하던 것이었나 보다. 지금까지 아들에게서 들었던 말 중 가장 아픈 말이다. 눈물이 와락 쏟아졌다.

저자 노경희 선생님의 《혼자 피는 꽃은 없다》에 나오는 용기 있는 자기 고백이다. 이 짧은 대화는 자녀 문제로 밤잠을 이루지 못하는 많은 부모의 심금을 울리기에 충분하다고 생각한다.

한 인간의 성장 발달에는 역사성이 깃들어 있다. 자신을 낳아서 길러주신 부모님과의 관계, 어린시절 형제자매들과의 관계, 친구들과의 관계 그리고 선생님을 비롯한 중요한 타인들의 영향이 성격 형성에 고스란히 반영된다. 그들의 사랑은 우리의 긍정적인 성격을 구성하지만, 사랑하기를 거절한 사람은 우리 성격의 부정적인 면을 형성하는 데 조력하게 된다. 저자 노경희 선생님의 말대로 "혼자 피는 꽃은 없다". 주변 사람과 더불어 상호 작용하면서 우리는 자신을 완성해 가야 한다.

우리가 낳은 자녀를 잘 키우고 싶은 마음에서 작은 실수를 한 '유치원생을 어두운 성당에서 엎드려 회개하게 만들고 다시 깜깜한 들판에 홀로 떼어 놓고 반성하게 하는 것'이나 '가문 있는 집안 만들겠다고 술 취한 아빠가 청소년 자녀를 때리는 것'은 많은 부모가 범하기 쉬운 실수다. 그 부모들의 의도는 갸륵하지만 자녀들의 자율성을 무시하고 어른들이 좌지우지하면 안타깝게도 바람직한 결과를 기대할 수 없다.

청소년들은 엄격한 부모의 훈육, 부모 사랑의 결핍, 부모의 심리적 거절, 무관심, 과잉 보호 등으로 자존감이 낮아지고 존재 가치를 느끼기 어려우며 자기 자신을 신뢰하지 못하는 사람이 된다. 그들은 억압된 불안, 외로움, 두려움, 분노, 수치심, 죄책감 등을 내면에 품고 지내다 문제 행동을 유발할 가능성이 높다. 등교 거부, 자퇴, 자해, 학교 폭력 등 각종 부적응 행동으로 어린 시절에 억압된 부정적인 감정을 표출하게 된다.

저자는 비행을 저지르고 자해까지 시도한 아들을 선도하려고 몸부림치다가 청소년들을 위한 열정적인 압화 상담 전문가로 성장하였다.

"자신을 찾고 싶은 간절한 마음을 드러내는 학생, 또는 반대로 사는 의미를 모르겠다는 학생이 발견되면 수암골 한국압화심리상담연구소에 가서 꽃을 가지고 놀게 하면 어떨까요?"

이렇게 자문하고 격려해준 지혜로운 선생님들은 '혼자 피는 꽃은 없다'를 방증하는 소중한 분들이었음을 알 수 있다. 인간의 성장 발달을 도와주는 방법이 다양하다는 것을 이 책 속에 나와 있는 아름다운 압화를 보면서도 느낄 수 있었다.

방황하던 청소년들이 자신의 내면 세계를 압화로 표현하고 해묵은 감정을 훌훌 털어 버리는 과정을 지켜보면서 짓눌렸던 생명이 살아나는 모습을 발견했던 상담 선생님들이 할 수 있는 말이다. 별 볼일 없는 존재로 생각했던 청소년들이 스스로 선택하고 몰입하여 만든 작품이 뜻밖에도 예쁜 작품으로 탄생할 때 그들은 성취감을 맛보고 자부심이 생겨나는 만족감을 느꼈을 것이다. 압화 상담 과정에서 느낄 수 있는 내담자들의 내면 세계를 저자는 다음과 같이 실감나게 표현학고 있다.

"입체 꽃을 원하는 색으로 염색하여 평면화시키는 과정에 여린 꽃잎 처리를 위한 몰입은 뭔 상실을 잊게 하고, 빛이 물드는 과정을 보는 완희는 무정직인 감정을 날려버리는 마력이 있었다. 가슴 저 밑에 있는 순수함과 아름다움, 고마움과 설렘이 한꺼번에 올라왔다. 저절로 미소 짓게 하며 그 속으로 빨려 들어가 꽃이 되었다."

학교 교실 안에서 잃어버렸던 자신을 압화 심리 상담을 통해서 찾기 시작한 청소년들의 뼈 아픈 고백이 이 책에 담겨 있다. 참으로 반가운 일이다. 꽃으로 표현하든지 글로 표현하든지 간에 억압된 감정을 스스로 털어놓는 것은 상처받은 내면 아이의 심리 치료 과정 중 하나다. 그런 면에서 성장하는 과정에 겪은 갈등, 고민, 방황하던 모습을 글로 표현한 여러분들의 글이 실린 것도 학부모나 청소년에게 의미가 있다 하겠다.

지난 세월 방황하며 불행하게 살아온 청소년들에게 압화 심리 상담을 통하여 밝은 세상으로 나아가도록 인도한 과정과 사례가 이 책으로 출판되고, 압화 심리상담연구소가 충청북도 교육청의 인정을 받아 대안교육위탁기관이 되었다니 더불어 축하와 격려의 말씀을 드린다.

2021년 9월

연문희

전 한국상담심리학회 회장

전 연세대학교 교육학과 교수

92세의 김형석 석학께 아나운서가 여쭸다.
"젊은이들에게 하시고 싶은 말씀 있으세요?"
"사랑을 전히여 고맙다는 인사를 들으면 됩니다"
평범한 말씀이 찰떡같이 들렸다.
60년을 살며 가슴 깊이 들어온 두 번째 말이다.
환갑인 내가 청소년에게 한마디 한다면….
"그대로의 너를 존중해 주어라. 너도 꽃이다."이다.

나는 시골 면 소재지에 있는 칠성 중학교를 다녔고, 고등학교는 군 소재지에서 다녔다. 도시로 가면 너무 순수하여 불량학생에게 휩싸일 수 있다는 중3 담임선생님의 걱정에 아버지도 동의하셨기 때문이다. 우리 집에서 자수성가 부농인 아버지의 권력은 절대적이었고, 울면서 도시로 가고 싶다는 간절한 청은 거절되었다. 미술 특기생인 나는 미술교사는 없고 음악교사가 미술을 담당한 학교에서 3년을 보냈다. 이 책을 쓰며 돌이켜보니 건방을 받아 주신 담임 및 선생님들께 감사하고 송구하다. 미술교사가 없는 탓을 하며 영어, 수학 시간이면 대회를 핑계삼아 미술실에서 끍적이고 있음을 정당화 했었다.

초등학교부터 꿈이 바뀐 적이 한 번도 없었다.

미대 교수가 되어 힘들어서 행복을 모르는 아이들을 큰소리로 웃게 해주고 싶었다.

대회에 나가서 대상을 못 받을 때마다 지도교사 없다는 원망과 도시로 가지 못한 아쉬움과 억울함이 눈덩이처럼 커져 갔다. 끓는 열정을 어쩌지 못하자 비관과 방황이 함께 왔다. 주말엔 들로 산으로 돌아다니며 희귀한 풀잎과 꽃으로 마음을 달래며 위안도 얻었지만 갈증이 풀리지 않아 울부짖으며 다녔다.

도시에서 학교를 다녔어도 상위권이었을 절친 친구는 시골에 혼자 계신 엄마 옆에 남겠다 하여 같은 반이 되었다. 그 친구는 나를 달랠 방법을 찾아서 다가왔다. 걸어서 2시간쯤 걸리는 집을 토요일이면 걸어서 하교하자며 내게 이런저런 이야기를 들려 주었다. 소설책 읽을 때 테이프(세미 클래식 또는 흘러간 팝송)를 반복해 들으며 이미지화하게 해주었고, 세레나데 투 썸머타임을 제대로 듣도록(탬버린 연주자의 손놀림이 아름답게 느껴지도록 연상하며 듣는 방법) 알려 주었다. 40년이 지났건만 그 방법은 마술 같다.

또 그 친구는 어느 날 고백했다.

"경희야, 난 사회사업가가 되기 위해 돈을 벌 것이고, 누리지 못하는 사람들에게 도움을 주고 싶어 공부를 열심히 한다"고.

맞지 않은 옷을 어쩔 수 없이 입고 있다고 투덜대던 내 모습이 부끄러웠다. 반장이고 공부도 1, 2등 하는 친구는 누구 탓도 없이 현재 할 수 있는 것을 묵묵히 한 걸음씩 딛고 있었다.

다 나쁜 것만은 없다.

비슷한 꿈을 서로 지지하며 막연한 꿈의 씨앗을 싹으로 틔우기 위해 거름이 된 3년이다.

원하는 대학에 떨어지자 전문대라도 가라는 아버지의 반대를 무릅쓰고 재수를 했다. 도시 한복판을 걸어서 화실을 가던 중 음악, 미술 선생님을 만났다.

내 손을 반갑게 꼭 잡으시며,

"경희야, 죽을힘을 다하면 안 될 거 없는 거 알지!" 하셨다. 수없이 듣던 말이 그날 가슴 깊이 들어온 첫 번째 말이 되었다. 응원이요, 격려요, 미안함이요, 고마움이었다. 가슴속 깊이까지 들어가는 말은 준비된 자에 대한 기적의 시작점이다.

절절함으로 고등학교 3년을 버틴 제2, 제3의 노경희를 만나기 위해 준비해왔다.

따스한 손을.

안아줄 가슴을.

가슴 깊이 불어살 힘을.

2021년 9월

노경희

차
례

1부

제1장
압화 심리상담의 길

제2장
압화 심리치료의 이해

제3장
압화 심리치료의 힘

제4장
압화 심리치료로 변화된 아이들

1부

압화 심리상담의 길

압화 심리상담의 길

인정욕구가 강하던 아이

이 책의 독자 중 가장 큰 수혜자는 나다.

지금 생각해 보면 때때로 늘 누군가가 내 옆에 있었다.

이 책의 마지막 장을 덮는 독자 여러분도 나도 그랬었네 하며 혼자가 아니었음이 새삼 감사할 것이다. 옆에 있어 주고 싶은 사람이 떠올려져도 반갑겠다.

나는 인정욕구 갈증으로 시끄러운 아이였다. 무시를 당하지 않으려 눈을 부릅뜨고 도수 없는 검은 뿔테 안경을 쓰고 다녔다.

허리를 꼿꼿이 세우고 말을 단호하게 하며 의사 표현이 너무도 명확해 똑 부러진 아이라는 소리를 들으며 컸다.

외모로 말을 하고 다녔다. 얼마 전까지도 그랬다.

그러나 그 일관성 있는 척함은 놀랍게도 체득화 되어 품위 있는 자세를 유지하려는 노력으로 이어지고 있었다. 그렇다. 부족함과 열등감은 스스로 알아차리게 된다. 그 열등함을 어찌 활용하는지에 따라 달라진다.

이 책을 읽는 독자 여러분, 특히 청소년 여러분도 갈증과 갈등을 알아차리는 순간이 오면 반갑고 고마워해야 한다. 본인이 추구하는 것이 무엇인지 탐색하고 그 마음을 스스로 알아주면 된다. 부족함과 열등함을 알아내면 타인이 보인다. 나에게 없는 것, 갖고 싶은 것이 주변인에게 있고 그것이 보이면 그를 인정하고 닮아 가보자. 그런 사람이 옆에 있다면 축복이다.

앙상한 나뭇가지에도 새싹이 나고 꽃이 피고 열매를 맺듯 여러분의 부족함과 열등함에 대한 갈증과 갈등은 새로운 싹을 틔우게 된다. 어느 날 꽃도 피울 것이며 나비와 벌들이 모여 열매라는 결실을 함께 만들어내는 기쁨을 누릴 것이다.

원하는 이상의 삶을 살아낸 장년들도 모두 안다. 본인의 삶이 기대 이상이었음엔 내 노력보다 타인의 도움이 훨씬 지대했음을.

우리 청소년들도 내 노력보다 주변인의 도움으로 오늘이 있다고 고백하는 날이 있기를 바라며 쓴다.

축복된 삶을 심사미 여기는 내가 아는 사람 중 제1위는 남편이다. 인공호흡기를 하고, 침대 누 평이 움직이는 공간 전부고, 그 방에서 일어나 보는 것이 전부인 남편이다. 그 작지만 우주인 공간에서 세상을 너무도 간절히 아름답게 살아내는 남편은 이 생이 축복이라고 한다. 오히려 씩씩하고 건강한 나를 지지하고 응원하고 고마워하고 미안해한다. 짜증 나고 억울하고 화도 나련만 살가운 딸들과 다정한 아들의 마음이 그것을 모두 이기게 한단다.

아들 덕에 상담전문가가 되다

아들에게 오늘이 있기까지의 갈등을 이겨낸 장한 과정을 써달라고 부탁했다. 그 순간이 그려지며 너무도 마음이 아프게 나를 통곡하게 한 아들은 자신의 사례가 힘든 청소년들에게 도움이 되기를 바란다며 자살 기도 장면을 담담히 그러나 적나라하게 묘사한 글을 써주었다. 아들은 글을 쓰며 정말 마음속으로 풍덩 들어가 며칠을 헤엄을 쳤단다. 엄마의 기대가 버겁고 아버지가 때때로 무서웠지만 혼자는 아니었다고 했다. 누나가 있었고 친구가 있었고 심지어는 버거운 엄마도 옆에 계셨다고 했다. 그러나 놀라운 건 우울증이 깊어지자 타인이 보이지 않았단다. 자기만이 세상에 전부고 그 자기는 참으로 가치가 없게 느껴지고 아무것도 할 수 없으며 무엇을 해야겠다는 의욕 자체가 없었다고 하였다. 나름 행복한 순간도 많고 늘 관계 지향적으로 살아 본인은 늘 혼자가 아니라고 생각해 급성으로 우울증이 온 줄 알았는데 아니었단다. 서서히 잠식하고 있었다고 했다. 타인과 비교되며 채워지지 않는, 채워질 수 없을 것 같은 불안감과 환경을 절망감으로 받아들이는 비관적인 학창 시절을 보내며 혼자라고 느껴지는 찰나에 일을 저질렀다고 했다.

그 후 아들을 살게 한 것은 친구들, 특히 A라는 친구와 가족의 긍정적인 메시지와 관심이었단다. 그 관심과 사랑은 비관적이고 절망이 큰 아들에게 긍정적이고 희망적인 마음을 발현시켰단다. 지금은 그 고마운 사람에게 보답하고 또 그들처럼 누군가에게 힘이 되어주는 사람이 되려고 그 아들이 심리상담학과에 진학했다. 그리고 대안 위탁학생을 가끔 선배로 만나며 버티라고, 버티면 안 버틴 것보다 낫다고 응원하고 격려하고 있는 아들이다.

그렇게 아들 덕분에 상담전문가가 되어 심리상담연구소KFT(전 한국압화심리상담연구소) 소장이 되었다.

심리상담연구소KFT(선 한국압화심리상담연구소)가 대안교육 위탁기관이 된 것도 우연히 지나시던 모 고등학교장님 덕분으로 시작됐다. 모 교장님께서 허름한 건물에 상담실 있음을 오히려 편안해했고 압화 꽃이 상담의 매체인 것을 확인하시곤 전문상담사 김수이 선생님과 상의하셨단다.

"자신을 찾고 싶은 간절한 마음을 드러내는 학생, 또는 반대로 사는 의미를 모르겠는 학생이 발견되면 수암골 한국압화심리상담연구소에 가서 꽃을 가지고 놀게 하면 어떨까요?"

김수이 전문상담사 선생님은 곧바로 방문하셨다. 선생님이 모 고등학교에 전문상담사로 부임하여 자퇴생들 많음이 안쓰러워 학업중단율 감소를 목표로 궁리하던 중 지푸라기라도 잡는 심정으로 오셨을 것이다. 아이들을 끌어안으시고 특히 함께 진로를 고민하시는 분이셨다. 이미 모든 아이를 긍정적으로 보시고, 힘든 시기를 맞이하면 잠깐만 푹 안아주면서 서서히 자기 자리로 돌아오는 경험을 갖고 계신 분이셨다. 나 또한 학교의 정서 행동 학생들을 주로 상담하러 다니던 터라 의기투합했다.

김 선생님은 상담실의 지리적 조건과 상담 매체가 대안 학생들에게 최적임을 알려주셨다. 청주 시내 산 중턱에 있는 6.25 피난촌이었던 수암골은 관광지지만 아이들 가슴을 틔워줄 수 있고, 연구소 외곽은 허름하지만 내부는 천연 황토를 발라 공간에서 머무는 것만으로도 학생들의 마음이 안정되겠으며, 천연 압화가 상담 매체가 됨은 너무도 훌륭하다며 아이들을 살려보자고 했다. 아이들 마음을 유난히도 잘 아시는 선생님은 일주일에 2명씩 데리고 오셨다.

2명씩 선별하여 짝을 지어 오셨는데 짝이 정해지는 순간부터가 성공의 시작이었다. 짝짓기는 아무나 할 수 있는 것이 아니다. 아이들을 살리고자 하는 백전백승의 초감각을 다한 결과다. 공감대가 있어야 하고 서로가 달라야 했다. 더 중요한 것은 다름을 읽을 수 있어야 했다. 쉬운 듯 보이지만 애정 없이는 불가능한 것이 짝짓기다. 짝이 만들어지면 우린 합세하여 그들이 꽃과 같은 존재임을 자각하게 하였다. 그 둘은 꽃으로 작품을 만들며 슬그머니 내면을 열어 가둬놓은 감정들을 입으로 훌훌 털어내 주었다. 묵은 감정들이 날아가 가벼워진 가슴으로, 편안하고 만족스러운 작품을 완성하며 자신의 길도 완성을 위해 시작하였다.

김 선생님은 특히 예술적 기질이 있고 자유로운 영혼을 가진 학생들의 갈등은 잠깐이고 그때 옆에 있어 주며 혼자가 아님을 알게 하면 거의 자퇴를 철회한다고 했다. 자퇴를 원하는 학생의 상담 경험이 많지 않았던 나는 장점과 강점만 부각하고 단점과 약점은 거론하지 않는 상담을 하며 애정을 쏟아붓고 지금도 그 말을 찰떡같이 알아듣고 있으며 행한다. 그러니 난 99승 한다.

압화로 심리상담을 만 10년째 하며 확실히 알아낸 것이 있다. 아이들은 이미 자기 마음도 선생님 마음도 알고 있다는 것이다. 단지 확신만 못 할 뿐이었다. 그런 그들에게 꽃을 내어주며 누구에게 주고 싶은 사람을 위하여 만들어 보자고 하면 엄마 또는 선생님이다. 좋고 이쁜 것을 보면 역시 좋아하고 고마운 사람이 떠오르는 것이라고, 그렇게 마음을 알아주면 그 아이들은 알아채며 스스로 사랑받고 있고 사랑할 사람이 있음을 확인하며 단단해졌다.

의기투합하여 5년간의 효과가 입증되자 '학업중단율 2013년 0.9%에서 2018년 0.08%까지 낮추는 데 심리상담소KFT의 역할이 컸다'고 충청북도교육청에 추천하며 폭넓게 많은 학생에게 도움이 되길 바란다며, 교육청은 대안교육 위탁기관으로 선정해주었다. 지금은 더 많은 아이와 울고 웃으며 만나고 이 책까지 쓸 기회가 생겼으니 한 명의 기적은 놀랍다.

그 후 교직에서 정년퇴직을 하신 ○○○ 전 교장님은 우리 연구소 자문을 자처하시어 대안 아이들을 위해 무료 자원봉사하시며 사랑을 보어 주시고 계신다.

아들이 키운 엄마

엄마 뜻대로 커준 아들

수술을 원하시면 해드리겠다며 산부인과 의사는 슬그머니 낙태를 권유했다. 40살 노산에 3번째 제왕절개를 해야 하는 부담도 있었을까? 그러나 나는 고민하지 않았다. 태몽이 아들이었다. 두 딸보다 잘 키울 자신까지 있었다. 이 의욕으로 출산일을 한 달이나 앞당겨 호랑이띠를 만들기까지 했으며 태교를 위해 논어와 클래식, 일기를 쓰며 많은 이들을 위하여 봉사하고 사랑을 실천하는 성정을 가진 아가이길 바라며 기도했다.

출산 후, 태교하며 다짐했던 마음처럼 교육에 집중했다. 겨우 기어 다니는 아이에게 영어공부도 시켰다. 운명인 듯 우연인 듯 철학관에서 셋째아들이 김씨 집안과 나라를 빛낸다고 했다. 부푼 마음에 5곳을 더 방문하였고 공통점을 찾았다.

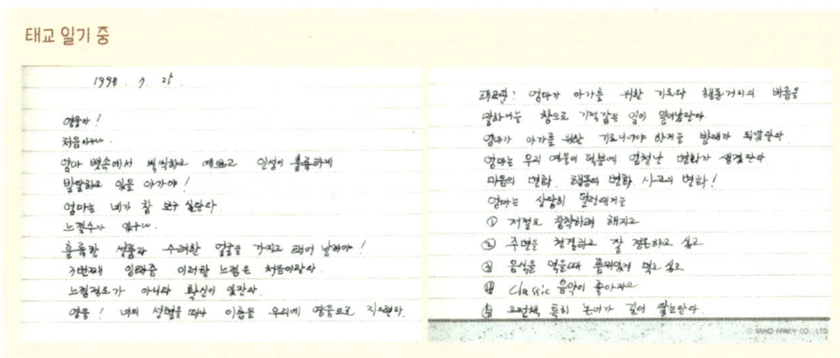

엄마가 잘하면 큰 인물이 된단다.

'엄마가 잘하면'이란 단어에 꽂히며 자신감이 폭발하였다. 의지가 있고 시작을 하면 끝을 보았기에 더 적극성을 띠었다. 부모교육 전문가 과정도 미쳤다. 신뢰는 기본, 예의 바르고 창의성을 신장시키는 교육과 사고력을 확장시키기 위해 하나의 사물을 다각적으로 보는 훈련도 시켰다. 수학 문제 1문제를 온종일 풀게 한 적도 있다.

고맙게도 엄마의 뜻대로 커 주었다.

역시 자녀의 교육은 엄마 몫이구나 싶었다.

난 엄마가 생각하는 아들이 아녜요!

초등학교를 잘 마치고 중학교 2학년 어느 날, 담임 선생님께서 학교로 5시까지 오라고 전화하셨다. 이유를 끈질기게 묻자, 전도 6회란다.

어떻게 키웠는데…. 손에 힘이 풀린다는 말이 절로 이해됐다. 두 손으로 전화기를 붙든 채 통화했었다. 10시에 전화를 받은 이후, 5시까지 아무것도 할 수 없었다.

아들 학교에 상담자원봉사를 다니며 상담실 선생님과 각별하던 터라 상황을 물으니 편의점 사장이 현장을 목격해 경찰에 넘겨졌단다. 삼각 김밥, 육포 등 2만 원 상당을 150만 원 주고 합의해 경찰 조사를 거쳐 판사 앞에서 재판도 받았다.

TV에서만 보던 장면들을 실제로 겪으며 조사받는 과정 내내 울음이 자꾸 새어 나왔다. 너무도 큰일을 겪고 나니 여러 마음이 나왔다. 정성을 다한 아들에 대한 실망과 재범에 대한 두려움, 놓친 부분은 무엇이 있나 반성이 채 끝나기 전 본격적으로 시작된 비행은 정말 당황스럽고 아찔했다. 이성을 찾아 원인을 살펴야 하는데, 들켜서 죄책감은 덜하다는 듯 술, 담배, 가출, 자해로 본인을 괴롭히고 가족을 놀라게 했다. 내 삶에서 절대로 돌아가고 싶지 않은 시간이다.

가끔 "난 엄마가 생각하는 아들이 아녜요!" 하던 말을 무시한 엄마는 겁이 났고, 사는 게 사는 게 아니었다. 김씨 집안을 빛낼 인물, 좋은 대학교 아니 고등학교 졸업이 목표가 되었다.

집에서 출발은 했는데 학교는 오지 않았다는 담임 선생님의 전화를 자주 받았다. 오랫동안 아들은 순간순간 닥치는 대로 행동했다. 예의 바르고 성품 고운 아들로 돌아올 것 같지 않은 자책감과 생계로 인한 버거움으로 내게도 우울증이 생겼다. 남편은 중환자실과 입원 치료를 병행하며 '폐쇄성 폐 질환'이란 병으로 고생하던 시기였다.

폐 기능을 잃어가는 남편과 자기 자신을 잃어가는 아들…. 그 힘든 시기에 꽃으로 압화를 만드는 과정은 우울증을 치료해주었다.

입체 꽃을 원하는 색으로 염색하여 평면화시키는 과정에서 여린 꽃잎 처리를 위한 몰입은 현 상황을 잊게 하고, 꽃이 물드는 과정을 보는 환희는 부정적인 감정을 날려버리는 마력이 있었다. 가슴 저 밑에 있는 순수함과 아름다움, 고마움과 설렘이 한꺼번에 올라왔다. 저절로 미소 짓게 하며 그 속으로 빨려 들어가 꽃이 되었다.

우울증을 앓는 독자 분께도 자신 있게 권한다.

엄마, 난 행복해지고 싶어요.

대학을 가라는 것도 아니고 졸업만 하라는데 출석도 안 하니 어찌해야 하나?
아들에게 물었다.
"넌 어찌 살고 싶니?"
바로 밀했다.
"엄마, 난 행복해지고 싶어요."
그토록 원하던 것이었나 보다. 지금까지 아들에게서 들었던 말 중 가장 아픈 말이다. 눈물이 와락 쏟아졌다. 얼마나 목까지 찼으면 주저함 없이 바로 대답했을까?

이 말 하나만으로도 17년의 교육이 잘못됐음이 드러났다.

충격이기도 했다. 유난한 애정을 보였고 맞춤식으로 교육도 하며 경제적으로 어려운 현실을 이해시키며 나름 행복하고 감사한 가정이라고 자부했는데 엄마는 아들을 너무도 모르고 있었다. 엄마의 김 씨 집안을 빛내야 한다는 맹신의 기대가 버겁고, 지나친 도덕성을 강요하여 실수가 용납되지 않는 것이 숨 막혔을 것이다. 1급 장애인 아빠와 교통 사고로 어지럼증과 두통을 안고 사는 엄마를 부양해야 한다는 부담도 있었을 것이다. 부모교육, 상담하는 엄마임에도 말이 먹히지 않고 진정 수용받지 못했으니 얼마나 허전했을까! 가슴이 너무 아팠다.

아팠을 기억들이 하나씩 떠올랐다.

아빠 주머니에서 1000원 가져간 것을 애먼 엄마는 초장에 잡아야 한다고 유치원생을 아무도 없는 어두운 성당에서 회개하게 한 후, 다시 깜깜한 들판에 떼어 놓고 반성하게 했고 그것도 부족한 듯하여 경찰서에 데리고 갔었다. 자초지종을 들은 경찰이 어이없다는 듯 "의붓아들이에요?" 할 만큼 엄하고 용서 못 하는 엄마.

"올백 맞으면 핸드폰을 사주겠다." 하니 99점을 받아오자 담임 선생님이 100점이나 마찬가지인데 글자 획수가 잘못되어 올백 처리는 못 했으나 뜻은 알고 있으니 핸드폰을 사주시라는 전화를 받고도 아닌 것은 아니라며 일언지하에 거절한 엄마….

술 취한 아빠께 야단맞고 온 아들에게 강의 중이라며 위로도 없이 쫓아 보냈던 일. 어디 이것뿐이랴. 손자 대에서 명문가를 만들기 위해 엄마가 초석을 쌓고 있으니 넌 당연히 힘이 들어도 감수해야 한다고 원하지도 않은 부담으로 얼마나 버거운 짐을 주었던가!!!

화장실 들어가서 엉엉 울었다. 처음엔 아이들이 놀라 두드리며 상황을 살폈으나 울음소리가 심상치 않자 그냥 두었다.

이튿날 2층에 있는 아들 방 책상 위에 편지를 써서 아들이 좋아하는 과자와 함께 올려놓았다. 학교를 다녀오더니 훌쩍거리며 1, 2층을 왔다 갔다 했으나 모른 척했다. 결심을 굳히고 있었다…

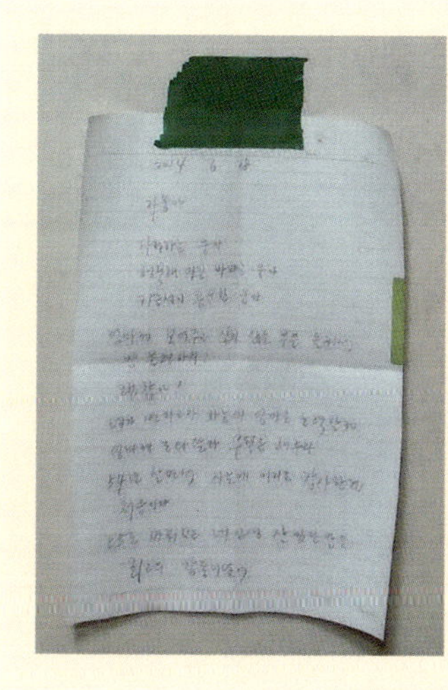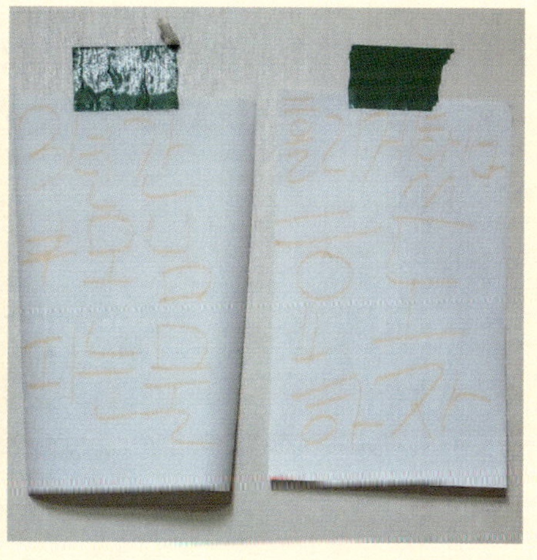

아들에게 시선 떼기

아들의 행복 프로젝트 시작은 아들에게서 시선 떼기였다.

아들을 위해 중독심리상담 공부를 시작했고 자존감이 낮은 아들을 위해 자존감 강사가 되어 학교 강의로 바쁘기도 하였다. 자존감을 향상시키기 위해 무조건적 존중을 해주며 민감하게 아들의 욕구를 만족시켜주기 위해 노력하였다.

그러나 나는 자꾸 조바심이 나며 변하는 것이 보이지 않아 힘이 들었다.

무질서, 무책임, 무개념으로 행동하는 아들을 잘못 교육한 엄마로서 포기할 수는 없었다. 세 자녀 중 유난히 정이 가는 아이였고, 웃으면 목젖이 보일 만큼 크게 웃고, 봄이 와 길가에 풀꽃이 피면 가장 먼저 꽃 선물을 했고, 아침에 일어나 음악이 흐르고 있으면 그 음악을 읽어주는 감정이 풍부한 아이였다. 성품은 얼마나 곱던가! 아빠의 심한 꾸지람이 길어질 때 "웅아, 잠깐 자리를 피해 봐" 하면 "아빠가 저를 못 쫓아오시잖아요" 하며 다 참아낸 아이다.

아까운 아이였다.

엄마가 조금 덜 엄하고 아빠의 왜곡된 시선만 없었으면 바르게 커서 주변인에게 사랑받고 사랑 줄 아이였다. 착한 아들과 집에서 벗어나고픈 양가감정 속에서 갈등하며 잦은 가출로 나름 버티려 한 아이다.

학교에 불려가 반성문도 쓰고, 가출했을 때 재워준 집에 과일 상자를 들고 다녔고, 친구들에게 부탁해 007작전으로 찾으러 다니며 밤잠을 못 자기도 했지만, 여명이 보이지 않았다. 지칠 만큼 힘들어지자 스스로 위안하기 시작하였다. 친구들과 싸워 합의금을 안 물어준 것도 고맙고 소년원까지는 안 갔으니 고맙지~ 하던 차 또 경찰서에서 전화가 왔다. 절도 현장범으로 체포된 것이었다. 또 절도 현장범이라니 야속했다.

그러나 그것은 축복이었다. 하느님의 사랑이었다. 그렇게 감사함이 시작되었다. 친구가 영화를 보여 주겠다 하여 시내를 가려니 돈이 없어 앞집 담벼락에 먼지가 쌓인 자전거를 타고 갔다 오려고 잠시 빌리는 마음으로 시내를 갔다. 시내 번화가를 친구와 함께 자전거를 끌고 누비는데 대학생쯤 되는 형 둘이 불러 세우더니 "네 자전거 아니지?" 하더란다. 순간 "네" 했고 그 자리에서 경찰을 불러 현행범으로 체포되었다.

그 당시는 몰랐지만 난 본 적 없는 그 청년을 하느님 심부름꾼으로 생각한다. 그렇지 않고서야 어찌 그 많은 사람 중 그 젊은이의 눈에 띄었으며 본인 자전거가 아님을 어찌 알았으리오. 우연이 아니라 필연이었다고 본다.

경찰서에 들어가니 변명으로 위로하였다. 당연히 집에 가려면 자전거를 타고 갈 수밖에 없으니 도둑질이 아니라고, 조서를 쓰고 나오는데 정말 참담하였다. 골고루 별짓을 다 하고 있었다.

태몽부터 태교, 정성을 다한 교육 등 최선을 다한 아들에 관한 결과가 참담하였다. 이러한 비슷한 일이 있을 때마다 어깨를 감싸 안고 걷든가 손을 잡고 걸었는데 그날은 모든 게 싫었다. 아들이 뒤따라오선 발건 터벅터벅 어깨를 축 늘어드리고 걸었나. 더 버티며 울타리 되어줄 힘이 바닥나고 희망이 없어

허깨비가 걸어가는 모습이었을 것이다.

훗날 아들의 고백이다. 언제나 씩씩한 척하시고 흐트러짐 없이 당당히 걷던 엄마가 축 처진 어깨를 한 채 터벅터벅 걷던 뒷모습이 눈을 통해 가슴으로 들어오는 순간 '이건 아니지.' 했단다.

그 후로 아들은 탈선한 시간보다 빠르게 돌아왔다.

돌아오는 길을 알고 있었다.

기다리는 사람 있음이 힘이었다.

자녀의 문제로 가슴이 다 타서 없는 부모님들!

먼동이 트기 직전이 가장 어두웠습니다. 그럼에도 불구하고 버틴 것이 안 버틴 그것보다 훨씬 나음을 겪어낸 사람으로 말할 수 있습니다.

해는 반드시 뜨고

추운 겨울 뒤엔 어김없이 봄이 오듯

앙상한 나뭇가지에도 싹이 돋고 꽃이 피며 열매도 맺습니다.

그렇게 아들이 키운 엄마는 자존감 강사가 되고 중독상담 전문가도 되었습니다.

오늘도 즐겁고 행복하세요

1부

압화 심리치료의 이해

압화 심리치료의 이해

1) 압화란

- 일반적으로 '**압화**'란 생명이 있는 상태의 꽃을 절단하여 그대로 또는 색상의 보존 상태를 유지하기 위해서 칼라 액으로부터 물을 올린 후 눌러서 말린 꽃을 말한다.

- 압화 치료에서 '**압화**'란 생물의 자연적 소멸을 반영구적으로 재탄생시키는 과정을 통하여 무의미나 공허한 삶의 태도를 새로운 기회, 계기, 전환 등 의미 있는 삶으로의 전환을 위한 과정의 꽃과 잎을 눌러서 말린 꽃과 잎을 말한다.

2) 압화가 압화 심리치료에 주는 영향

내담자와 상담자의 만남을 통하여 내담자의 내적인 성장을 돕는 압화 과정은 압화 심리치료에서 매우 중요하다.

- **첫째:** 자연 상태 꽃의 종류 중 마음에 끌리는 꽃을 선택하고 채취하는 **끌림과 취함의 성취감.**
- **둘째:** 원하는 색상을 스스로 선택하여 물을 올리는 과정을 살피고 관찰하는 **집중과 신비감.**
- **셋째:** 입체 꽃의 평면화를 위하여 작업한 과정을 기다리는 **기대와 존중감.**
- **넷째:** 압화된 상태를 확인하는 순간의 몰입감 및 성취감이 주는 **환희와 만족감.**

3) 압화 심리치료의 원리 1

- 지적인 효과로는 꽃의 크기와 색상을 선택해 디자인하여 표현해봄으로써 **자발성의 확장.**
- 표현한 형태를 통해 자아를 탐색하며 정신적 교감에 의해 스스로 알아냄이 주는 **즉각적인 치유.**
- 내적 자아 탐색을 표현한 작품이 시각적 효과로 인한 꽃의 배열로 수정하며 정리시키는 **카타르시스 정화 작용.**
- 꽃이 주는 정서적인 안정감이 주는 너그러움과 관대함이 확장되어 작품성 및 실요성 만족감이 **극대화되어 자존감 향상.**

4) 압화 심리치료의 원리 2

- 아름다운 꽃잎을 활용함으로써 구상하며 몰입하여 불안, 우울, 스트레스 등 부정적인 감정을 잊게 하는 정서적 안정감의 극대화.

- 다양한 꽃잎의 형태를 창의성을 발동해 표현함에 구체적인 단기목표를 세우고 표현한 성취물이 시각화되어 **자아가 인식.**

- 내면을 탐색하여 표현한 작품을 통해 얻은 통찰된 작품을 지속해서 탐색하고 활용함으로써 스스로 **자각 및 분석의 지속성.**

- 무기력한 내담자에게 단순한 표현만으로도 내면의 욕구가 탐색됨으로써 의욕 및 동기가 부여되고 방어한 작업 형태 또한 내면 욕구가 드러나는 **자기 탐색의 투명성.**

- 긍정적인 정서 발현과 성장을 위해 작업한 작품을 활용하는 효용성을 통한 정체성 확립으로 자발적 성장에 대한 **확신의 신뢰성.**

5) 압화 심리치료의 이론적 배경

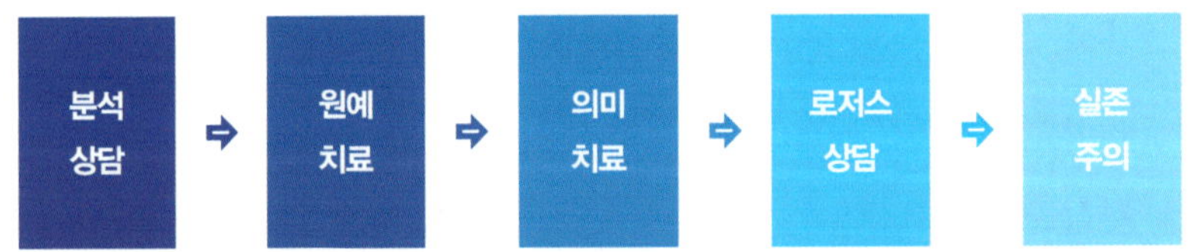

6) 압화 심리치료의 단계 1

1. 주체성 인정 - 2. 자유의지 탐색(준비) -

3. 선택과 결정(꽃 선택) - 4. 기대와 확신(꽃물들이기) -

5. 기다림의 의미화(꽃 물드는 과정) - 6. 집중과 환희(압화를 만드는 과정) -

7. 카타르시스(압화 판을 여는 순간) - 8. 스타트(작품으로 승화한 내면 표현) -

9. 자아성찰 및 존중(스스로 해석) - 10. 뉴 스타트(긍정적인 나)

7) 압화 심리치료의 단계 2

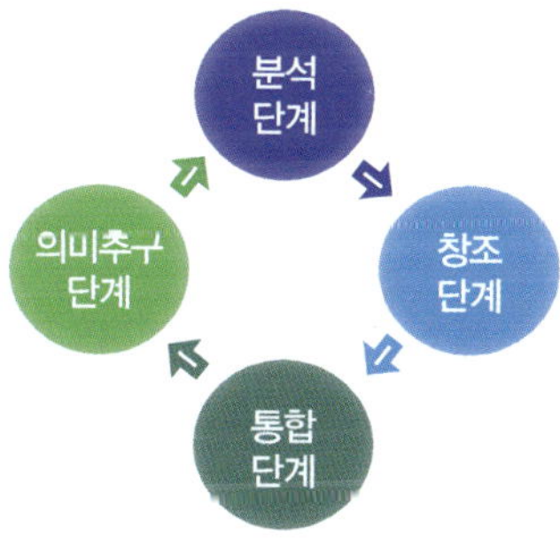

8) 압화 심리치료의 실제-분석 단계

구조분석	내용분석	과정분석	최종분석
종류 크기 색상 배치	주제 스토리 자아인식	선택 참여의지 의미발견	스타트 자아성찰 뉴 스타트

9) 색깔의 상징성

- **빨강**: 많이 활용할 경우 심리적으로 적극적이며 열정을 표현하고 싶고 용기가 있다.
- **주황**: 따스하게 에너지를 사용하며 일관성이 있고 자신 스스로 안전감을 느낀다.
- **노랑**: 회복이 된 기쁨과 기대감, 확신으로 즐거움을 알며 행복을 지향한다.
- **초록**: 안정된 마음을 편안하게 표현 및 갈구하며 타인에게 도움을 주고 인정받고 싶은 욕구, 자신감의 확신, 지지의 기반을 드러낸다.
- **하늘색**: 명료하고 유쾌하며 자신을 드러냄으로써 도움을 주고 편안함을 추구한다.
- **파랑**: 주도적이며 진정 안정된 상태로의 휴식을 원하고 지혜롭고 상쾌하다.
- **보라**: 보편적이며 어울림을 추구하며, 신비하여 스스로에게 편안함을 준다.
- **남색**: 기다림, 지배하고 싶은 욕구, 필요성을 앎, 자기 인식이 뛰어나다.

- **분홍**: 바람, 확장하고 싶은 마음, 직관력이 있으며 냉정한 판단력, 자기도
취적이다.

10) 크기의 상징성

- **작은 것**: 소심 및 위축, 내적인 충실
- **큰 것**: 확산, 자신감, 활동성

11) 내용 분석을 위한 질문

0. 이 작품 속에 들어 있는 감정 10가지는?

1. 이 작품의 제목을 정한다면 무엇이라고 하고 싶은가요?

2. 작품을 만들면서 어떤 기분이 드셨나요? 그 이유는?

3. 작품을 보면서 나에 대해 알게 된 것이 있다면 어떤 것인가요?

4. 작품 중에서 가장 마음에 드는 부분은 어디입니까? 그 이유는?

5. 작품 중에서 마음에 들지 않는 부분은 어디입니까? 그 이유는?

6. 작품을 지금 바꾼다면 어떤 부분을 바꾸고 싶습니까? 그 이유는?

7. 작품의 스토리텔링을 만들어 보세요.

02 압화 심리치료의 실제

1) 만남 단계

라포형성	공감하기	지지하기	격려하기

성공적인 만남의 평가

- **저항 감소:** 상담자와 다툼이 줄어든다.

- **문제 논의 감소:** 자신의 걱정거리에 대한 질문이 줄어든다.

- **결심:** 어떠한 결심을 한 것처럼 보이고 상실이나 눈물 등을 보인다.

- **변화 질문 가능:** 다른 사람들이 어떻게 변화하는지에 대해 물어본다.

- **미래에 대한 비전이 생김:** 앞으로 하고 싶은 일들이 생긴다.

2) 실존 단계

<table>
<tr><td>드러내기</td><td>마주하기</td><td>격려하기</td><td>시작하기</td><td>검토하기</td><td>새로운
시작하기</td></tr>
</table>

(A) 마주하기

자기 이해 질문하기

- 지금 걱정되는 것은 무엇인가요?

- 만약 당신이 변하지 않으면 어떤 일이 일어날까요?

중요성 척도 재이보기

- 0이 아닌 숫자에 왜 표시하셨나요?

- 어떻게 하면 더 높은 점수로 갈 수 있을까요?

확신 결정하기

- 현재 긍정적인 면과 부정적인 면이 있다면 무엇인가요?

미래 예상해 보기

- 앞으로 이 문제가 지속된다면 어떤 일이 일어날까요?

목표와 가치관 탐색하기

(B) 검토하기

유발적 질문하기

- 변화를 어떻게 만들고 싶습니까?
- 앞으로 장애에 직면하면 어떻게 대처할 건가요?

자신감 척도 사용하기

- 당신은 얼마나 자신이 할 수 있다고 생각하십니까?
- 어떻게 하면 더 높은 점수로 갈 수 있을까요?

과거의 성공담 이야기하기

- 살아오면서 무언가를 결심하고 실천한 때가 언제였습니까?

개인적 강점 및 지지하기

- 당신은 자신의 어떤 면이 이 변화를 성공시킬 수 있다고 생각합니까?

가상적 변화 추측하기

- 지금 성공한 당신을 상상하고 그 옛날을 돌아보면서 성공하게 된 가장 주된 요인은 무엇이라고 생각하나요?

(C) 새로운 시작하기

목표 정하기

- 변화하고 싶은 것이 있다면 무엇입니까?
- 상황이 어떻게 달라지면 좋을까요?

대안 고르기

- 그 목표를 이루려는 방법들이 뭐가 있을까요?

계획 짜기(계획표 만들기)

- 계획하고 있는 것이 구체적으로 무엇입니까?

- 제일 먼저 무엇을 하고 싶습니까?

약속하기

- 지금부터 시작할 준비가 되었습니까?

- 만약 아직 준비되지 않았다면 집에서 생각해 보시고 다음에 다시 이야기를 나눕시다.

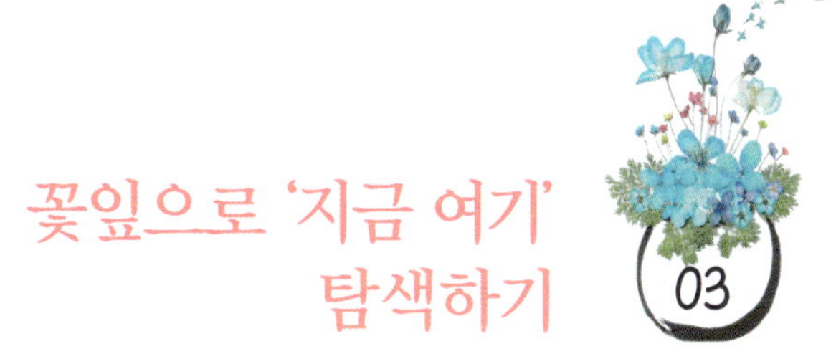

꽃잎으로 '지금 여기' 탐색하기

03

1) 사례 1: 압화 심리상담사 – 지금 여기

질문: 작품에서 '나'라고 생각하는 부분이 어느 곳인가?

답: 땅 밑에 있는 '뿌리'라고 생각한다.

질문: 왜 '뿌리'라고 생각하는가?

답: 무엇이든 '뿌리'라는 것은 에너지의 근원이기도 하다. 그러므로 나를 보여 줌에 있어 단단하고 생명력 있는 뿌리를 제대로 갖추는 것이 중요하다고 본다….

현재 '뿌리내림'은 지면에 살짝 내린 나약하게 보일 수 있는 모습이지만 나의 '뿌리'는 단단하고 희망 있게 뻗어 나갈 준비가 되었다고 본다….

즉, 아직 미약한 뿌리기는 하나 '용기'가 내재해 있다고 생각한다….

질문: 작품에서 좌, 우측의 표현은 의미가 있는가?

답: 좌측은 현재 새싹과 만개 직전의 봉오리를 표현하였으며 현재의 '나'로 생각된 뿌리와 직접적인 연관이 되어있는 부분이다. 우측은 미래의 단단해지고 있는 나를 표현하였다. 내면적 뿌리의 에너지를 기반으로 외형적으로 표현되는 모든 것이 견고함과 우측 끝의 덩굴 올림으로 더 발전할 수 있다고 생각했다.

질문: 어떤 연관이 있다고 생각하는가?

답: 뿌리의 전개되지 않은 상황(하지만 희망적이라고 생각함)과 함께 그 위에 이제 시작하는 나를 표현해 봤다.

압화에서 볼 수 있는 것은 안정과 불안정을 동시에 지니고 있으며, 용기라고 말하는 부분은 '해소'의 의미로 마음에 크게 자리 잡은 불안정한 부분을 강하게 만들려는 의미로 보인다.

불안보다 안정감이 더 많은 부분을 차지하고 있다고 생각한다.

자신감이 모자란 부분이 있다면 어릴 적 문제이며 억울함이 없음은 가정 환경을 충분히 이해할 수 있는 상황이라고 생각하기 때문이다.

단지 '눈물'의 의미는 '만일 가정 환경이 좋았더라면 내가 잘하는 것이 무엇이었는지, 내가 하고 싶은 것이 무엇이었는지, 하기 싫었는데도 해야만 했던 것이 무엇이었는지 알 수 있지 않았을까…'에서 오는 '아쉬움'이다.

결코, 억울함에서 오는 눈물은 아니고 지금 해보고 싶은 것이 무엇인지 찾아가면 될 것이라는 희망, '용기'가 있다.

2) 사례 2: 압화 심리상담사 – 지금 여기

질문: 작품에서 '나'라고 생각되는 부분은?

답: 넓은 들판에 덩그러니 핀 꽃이 바람에 날아가는 모습.

질문: 이 작품을 보면서 '나'에 대해 알게 된 것이 있다면 어떤 것인가?

답: 내가 떨어져 어딘가에 자리하리라. 단 많이 떨어져 자리하기보다는 조금
씩 뿌리를 내리는 또 다른 내가 되었으면 한다….

질문: 깨우치게 된 것은?

답: 뿌리 부근에 거름과 왼쪽 위에 밝은 태양이 있었으면 하는 모습에서 의지
의 대상을 갈구하고 있는 나.

질문: 바꾸고 싶은 것은?

답: 꽃이나 풀의 뿌리 부근을 더 꾸미고 싶다.

질문: 가장 마음에 드는 것은?

답: 우두커니 버티고 서 있는 코스모스.

내가 누구에겐가 의지하고 싶음을 알았다.

거름과 양분이 있었다면 나는 더 잘 컸을 텐데…. 그럴 수 없음이 허무하
다. 의지할 대상이 없음이 허무하다.

질문: (주제를 잡았으면 그쪽으로 이끌라.) 해님 자리에 누구를 넣을 수 있겠
나? (살면서 느낀 장면에 공감해 주고 상담에 들어간다.)

답: 아들이 학교 학사 반을 들어가 100만 원이 드는데 부모님으로서 해주지
못하는 마음이 허무하기만 하다. 어렵게 도와주었는데 후에 오빠처럼 될
까 봐.

질문: 내 아들이 오빠처럼 될 거라고 예상하는 이유는?

답: 아들 바라기인 나를 버릴까 봐, 실망할까 두려운 마음이 있다.

- 오빠와 엄마 얘기를 한 것은 저항하는 것이다.

- 올케 얘기를 많이 한 것은 오빠에게 두 가지 감정이 있다(사랑과 미움).

- 재조명할 수 있게 질문하라.

- 자기가 깨닫지 못한 것을 조금 더 걸러라.

- 안타까워도 헤어나려면 본인 상황을 충분히 느끼게 하라. 믿지 마라.

질문: 살면서 무엇을 얻고 싶은가? 예를 들어 인정?

답: 나를 지지해주고 인정해주는 누군가가 필요할 때 남편은 거부와 무시로

절대 인정해 주지 않는데 아들은 절대 지지와 응원을 해준다.

- 표피적으로 하지 말고 밑으로 내려가는 작업을 하라.

- 너무 빨리 건지면 다시 들어간다. 업고 갈 수는 없다.

3) 사례 3: 성인여성의 무의식 탐색

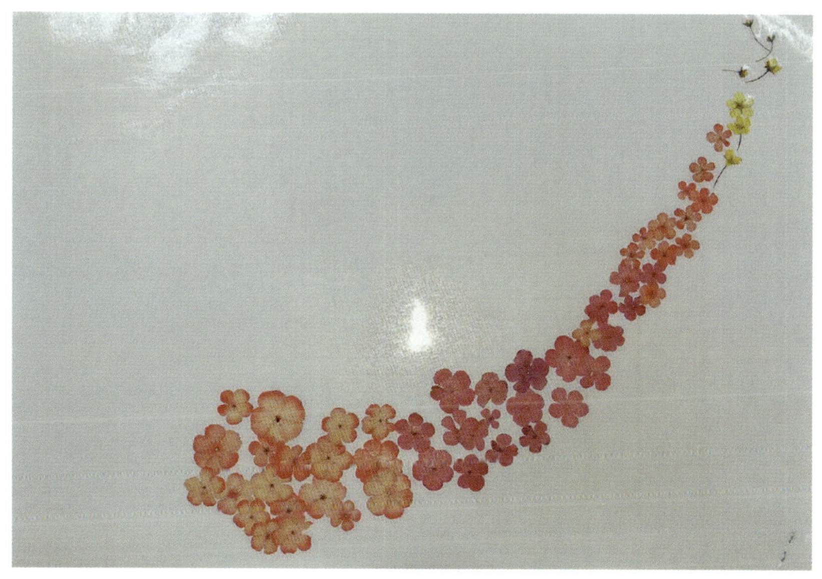

- **제목**: 괜찮아?

　　　　괜찮아?

　　　　괜찮아!
- **떠오르는 단어**: 개운함, 시원함, 따뜻함, 편안함, 사랑스러움, 희망, 잔잔한 미소
- **핵심 단어**: 희망

4) 사례 4: 성인여성의 무의식 탐색

- **제목**: 접시꽃
- **떠오르는 단어**: 잔잔한, 평화로운, 행복한, 정열적인, 촘촘함, 웅장한, 포근한, 커다란
- **핵심 단어**: 촘촘함

5) 사례 5: 성인여성의 무의식 탐색

- **제목**: 각자의 매력
- **떠오르는 단어**: 화합, 평화, 인정, 독립적, 다양성, 존중, 사랑, 봄, 아름다운
- **핵심 단어**: 다양성

6) 사례 6: 성인여성의 무의식 탐색

- **제목**: 쉼터
- **떠오르는 단어**: 안정적이다, 예쁘다, 어지럽다, 단조롭다, 따스하다, 자율적, 편안함
- **핵심 단어**: 자율적

- **제목**: 유연성의 미덕
- **떠오르는 단어**: 사랑스럽다, 희망차다, 당당하다, 슬기롭다, 대비, 화합, 신비, 개성,
  독특하다
- **핵심 단어**: 슬기롭다

꽃잎으로 '나' 세우기

04

1) 사례 1: 압화 심리상담사의 무의식 탐색 – 지금 '나'

- **제목**: 에너지
- **내용**: 나의 에너지는 충전 완료. 바람을 타고 날아갈 준비가 되어 있다.
- **깨우치게 된 것**: 원의 형태는 자아를 상징하는 것, 붉은 하나의 꽃은 '나'고 자아를 형성하고 있는 내용.
- **바꾸고 싶은 것**: 가지의 꽃이 아니라 하나하나의 작은 꽃이었음.
- **가장 마음에 드는 것**: 바람을 타고 날아가는 꽃.
- **이 꽃의 선정 이유**: 작은 파란 꽃을 자세히 보면 한쪽 팔을 쭉 펴고 날아가는 슈퍼맨같이 느껴졌음.
- **떠오르는 단어**: 힘, 바람, 믿음, 기대, 잘살 거야, 나.

2) 사례 2: 압화 심리상담사의 무의식 탐색 – 지금 '나'

- **제목**: 힘

- **내용**: 아름답고 튼튼하고 가능성 있는 모태 핵을 기반으로 형성된 커다란 세계가 여러 갈래로 웅비하며 그 속에서 향기로움이 퍼져 나와 향기를 전하자 수혜자들이 고마워함.

- **깨우치게 된 것**: 웅비하고 싶은 나.

- **가장 마음에 드는 것**: 수혜받는 꽃들.

- **이 꽃의 선정 이유**: 힘이 있으되 수술과 암술의 섬세한 형태를 본받고 싶다.

- **떠오르는 단어**: 좋나, 반갑다, 어서 와, 고마워, 힘, 강함, 진취, 기상, 핵심의 꽃, 큼, 넓음, 활짝 핌.

3) 사례 3: 대학생의 무의식 탐색 – 지금 '나'

- **제목**: 결국엔 주름도 쫙 펴질 거야.
- **작품을 보고 떠오르는 단어**: 높이서 피고 싶은 욕망, 어두운 날들, 빛나고 싶음, 주변 사람들의 도움.

- **제목**: 이상과 현실
- **작품을 보고 알게 된 것**: 소박하다, 화려하다, 외롭다, 향기, 쓸쓸하다.

- **제목**: 모두와 함께
- **작품을 보고 알게 된 것**: 여러 사람들의 도움을 받고 살고 있구나.

4) 사례 4: 고등학생의 무의식 탐색 – 지금 '나'

- **제목**: 겨울에서 봄으로
- **작품을 보고 떠오르는 단어**: 바람, 겨울, 봄, 산, 들판, 으슥한 곳, 얼음, 적적함, 인적이 드문 곳, 눈.

- **제목**: 볼수록 예쁜 꽃
- **작품을 보고 알게 된 것**: 심플하고 빨간 꽃을 좋아
  하고 있는 나

- **제목**: 널껏싯
- **작품을 보고 알게 된 것**: 아무것도 없는 공간에서
  혼자 생명력을 키워가는 나

사례 4: 고등학생의 무의식 탐색 – 지금 '나'

- **제목**: 자국
- **작품의 스토리텔링**: 하늘로 돌아가는 것이 좋고 기쁘기만 한 것은 아니다. 아래로는 꽃이 지나간 자국이 남는다. 그럼에도 하늘로 올라가야만 한다.

- **제목**: 끝
- **작품을 보고 알게 된 것**: 슬픈 기분

- **제목**: 나는
- **작품을 보고 알게 된 것**: 목표로 날아가는 나

5) 사례 5: 중학생의 무의식 탐색 – 지금 '나'

- **제목**: 나의 자아들
- **나는**: 다양한 감정에 둘러싸인 꽃은 평온함을 뜻하고 언제나 무슨 감정에 휩싸여도 마음 구석에는 언제나 평온함이 있다.
- **작품을 보고 알게 된 것**: 언제나 평온함이 있고 다양한 감정을 느꼈다.

- **제목**: 꽃
- **나는**: 섬세하게 해서 이뻐 보여 좋다.
- **작품을 보고 알게 된 것**: 내가 생각보다 섬세하게 했다. 생각보다 섬세한 것 같다.

- **제목**: 다양한 나
- **나는**: 모든 것을 다 잘할 수 있을 거 같은 나인데 무엇을 잘하고 싶지?
- **작품을 보고 알게 된 것**: 다 잘할 것 같은데 속이 비어있는 내가 보인다.

사례 5: 중학생의 욕구 탐색 – 지금 '나'

- **제목**: 텅 빈 하트
- **나는**: 아직 겪은 게 얼마 없어 속이 텅 비었지만 다양한 경험을 하다 보면 언젠가 완벽한 하트가 될지도 모른다.
- **나에 대해 알게 된 것**: 성숙해지기만 기다리는 것 같다.

- **제목**: 파란 꽃다발
- **나는**: 파란색을 좋아한다. 그리고 꽃도 좋다.
- **나에 대해 알게 된 것**: 파란 꽃을 마음에 갖고 있다.

- **제목**: 희로애락
- **나는**: 여러 감정을 느끼고 나누고 싶음. 슬픔, 기쁨, 분노, 행복 등 감정 하나하나에 솔직하려고 노력하겠음.
- **나에 대해 알게 된 것**: 누군가에게도 내가 희로애락을 전해 주고 싶음. 그래서 열심히 노력하겠음.

- **제목**: 내 마음속의 꽃밭
- **나는**: 무뚝뚝한 태도를 줄이고 앞으로 남을 따뜻하게 보듬어 주고 사려 깊은 모습을 더 많이 보여주고 열정도 갖고 싶다.
- **나에 대해 알게 된 것**: 따뜻한 마음을 가지고 싶고 무조건 무뚝뚝한 사람은 아니라 열정 있고 뚝심 있게 살고 싶다.

사례 5: 중학생의 욕구 탐색 – 지금 '나'

- **제목**: 꽃과 같은 나
- **나는**: 내 마음이 따르는 대로 표현했다.
- **나에 대해 알게 된 것**: 내 마음이 어떤지 알 것 같고 꽃을 보니 기분이 좋아진다.

- **제목**: 예뻤던 꽃
- **나는**: 만개였던 벚꽃이 금방 떨어지는 그것이 기뻤다, 슬펐다, 감정 기복이 심한 나의 모습과 비슷하게 느껴졌다.
- **나에 대해 알게 된 것**: 나는 금방 자존감이 낮아진다는 것을 알게 되었고 벚꽃이 나와 비슷하다는 것을 알게 됨.

- **제목**: 내 마음속에 조그마한 추억이라도 소중히 간직하자.
- **나는**: 사람들은 모두 다 자그마한 추억보다 큰 추억만 간직하기 때문에 나는 큰 추억을 간직하지 않는다.
- **나에 대해 알게 된 것**: 추억 중에서 내가 간직하기 싫어하는 것들도 있다는 것들을 앎.

- **제목**: 겉모습
- **나는**: 가운데 있는 꽃만 보면 초라해 보이고 차분해 보이더라도 그 주변에 있는 꽃들에 의해서 더 화려해 보인다.
- **나에 대해 알게 된 것**: 초록색 같은 평화로운 색을 좋아하고 어느 정도 차분한 곳을 좋아함.

사례 5: 중학생의 욕구 탐색 – 지금 ʻ나ʼ

- **제목**: 어울리는 꽃들
- **나는**: 자세히 보면 난잡해 보이지만 꽃들을 모아보니 예쁘다.
- **나에 대해 알게 된 것**: 친구들과 있을 때 즐거운 거 같다.

- **제목**: 돋보이는 꽃다발
- **나는**: 나비들이 나를 돋보이게 하며 초록색 나비는 나의 평화를 뜻하며 내가 원하는 것을 보여 준다….
- **나에 대해 알게 된 것**: 나는 돋보이고 싶어 하며 평화를 조금 좋아하는 것 같다.

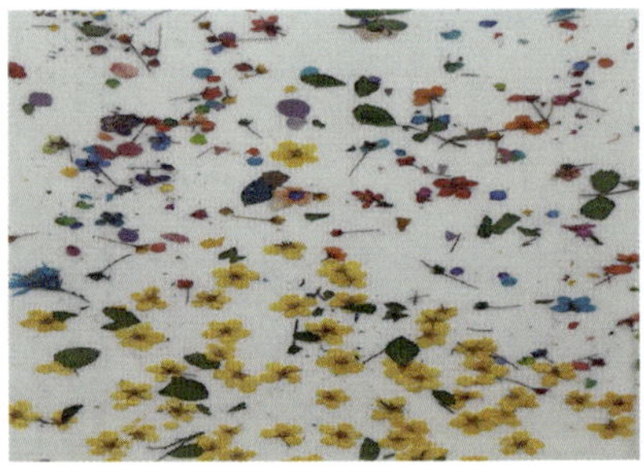

- **제목**: 흩날리는 꽃다발
- **나는**: 처음 겪어보는 것들을 한번에 파도가 밀려오듯 꽃다발을 나에게 던지면 가까이 다가오는 느낌이다.
- **나에 대해 알게 된 것**: 나의 마음이 흩날리는 꽃처럼 싱숭생숭하다는 것을 깨달았다.

1) 트라우마란

- '외부의 요인으로 인한 충격적인 사건으로 오랫동안 마음에 상처로 남아있는 것'을 말한다.
- 주디스 허먼은 트라우마 치료를 3단계로 구분했다. 1. 안정화 단계, 2. 기억처리의 단계 3. 현재생활의 통합하는 단계이고 그래서 현재 나의 말과 행동, 의사결정에 영향을 미친다고 했다.

2) 압화가 트라우마 치료에 주는 영향

- 이룰 수 있는 목표를 세우고 반드시 성취하여 자존감을 회복시킴으로서 과거 마음의 상처(팩트가 아닌 각색된 기억)를 극복할 수 있게 한다. 압화치료는 현재에 집중하고 미래 지향적이다.

1. 나를 불편하게 하는 감정의 양만큼 동그라미를 그린다.

2. 감정 안에 꽃잎으로 표현해본다.

   1차적 해석-불편한 감정의 표현을 하나의 작품으로 인정하며 해석을 한다.

   2차적 해석-불안정하고 불편한 표현을 걷어내어 태워 소멸시킨다.

   3차적 해석-남은 꽃 위에 새로움을 더하여 안정적이고 미래지향적 작품
   을 완성한다.

3. 완성된 작품이 현재의 나를 표현한 것을 인정하고 새롭게 출발한다.

• 자존감을 회복시킴으로써 과거 마음의 상처(팩트가 아닌 각색된 기억)
   를 극복하여 현재에 집중하고 미래를 지향한다.

1. 나를 불편하게 하는 감정의 양만큼 동그라미를 그린다.

2. 감정 안에 꽃잎으로 표현한 작품을 3차적으로 해석하며 완성한다.

   1차적 해석-불편한 감정 표현을 하나의 작품으로 인정하며 해석.

   2차적 해석-불안정하고 불편한 표현을 걷어내어 태워 소멸시킴.

   3차적 해석-정리한 꽃 위에 새로움을 더하여 안정적이고 미래지향적 작
   품을 완성.

3. 완성된 작품 속에서 변화를 발견하여 수용하고 인정하며 새롭게 출발한다.

1) 사례 1

트라우마 치료 사전: 너 나올 수 있지?!(감정의 양만큼 동그라미 치기)

트라우마 치료 사후: 너 나올 수 있지?!(감정의 양만큼 동그라미 치기)

2) 사례 2

트라우마 치료 사전: 내 자리에서의 도피

트라우마 치료 사후: 이제 굴레에서 나왔어. 나로서 필 거야.

3) 사례 3

트라우마 치료 사전: 네가 하고 싶은 게 뭐야!

트라우마 치료 사후: 나도 온전히 사랑받고 싶다!

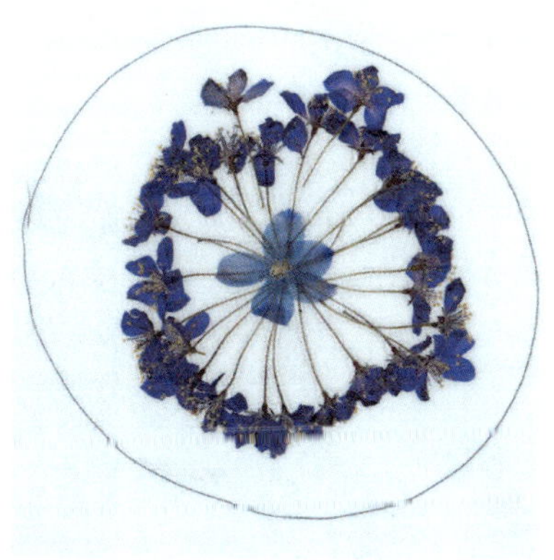

4) 사례 4: 꽃으로 나 표현하기(OO고등학교 5회기 집단상담)

집단상담 및 체험

- **1회기**: 사전 검사(트라우마, 우울)
  - 꽃밭 속에서 나는   – 비전 시계 만들기
- **2회기**: 내면 탐색 – 편지지 만들어 내 맘 알아주기

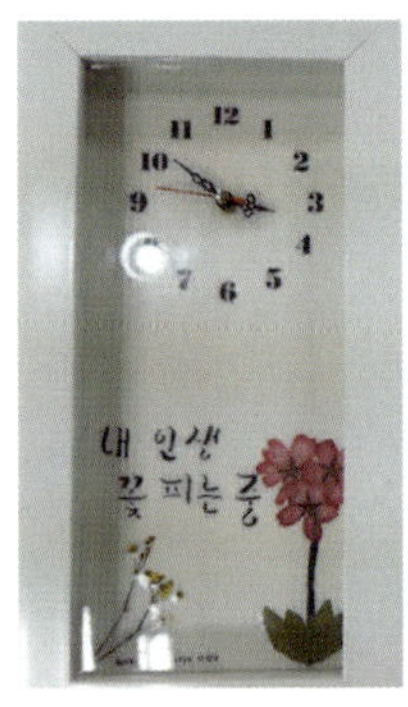

- **3회기**: 전의식 탐색 – 소중한 마음 담는 파일박스 만들기
- **4회기**: 문제 해결력 탐색 – 용기를 밝혀주는 스탠드 만들기
- **5회기**: 나를 닮은 나팔꽃 생애 – 꽃 카드 만들어 나를 발견한 기쁨 품기
  - 사후 검사 (트라우마 및 우울 검사) – 검사결과

트라우마 치료 사전 사후

1. 김○○ (우울검사: 사전 21, 사후 20)

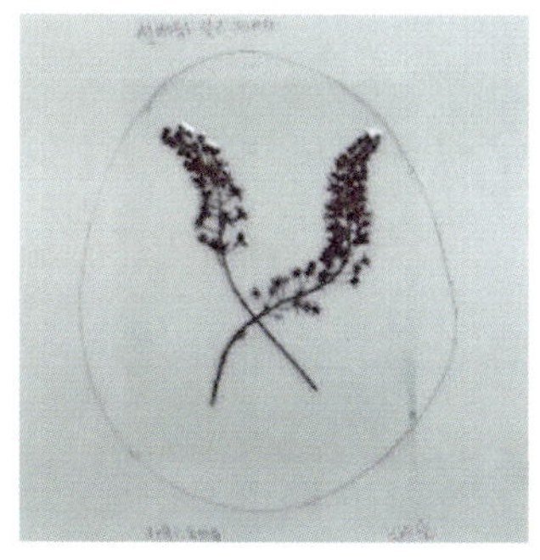 사전

 사후

- **제목**: 슬슬 열린다.
- **격려 및 다짐**: 초3부터 구타 선배를 잊고 지내자.

2. 강○○ (우울검사: 사전 22, 사후 18)

 사전

 사후

- **제목**: 새로운 시작 – 용서와 이해
- **격려 및 다짐**: 한 방향. 개똥쑥으로 가려도 보이는 너의 모습이 있으니까 더 노력해서 이겨내고 꿈을
  이루자.

3. 민○○ (우울검사: 사전 33, 사후 16)

- **제목**: 나와 나의 인생
- **격려 및 다짐**: 나만의 색깔로 내 길을 가겠다.

4. 왕○○ (우울검사: 사전 20, 사후 6)

- **제목**: 한 가지 꿈은 없다.
- **격려 및 다짐**: 어릴 적 나의 꿈이 파괴. 그런 일을 3년 동안 버틴 내가 대단하다.

5. 사○○ (우울검사: 사전 19, 사후 6)

사전

사후

- **제목**: 보호받고 있는 나
- **격려 및 다짐**: 타인에게 선을 긋고 있었다. 목표를 향해 한 방향을 가겠다.

6. 정○○ (우울검사: 사전 15, 사후 8)

사전

사후

- **제목**: 나도 사람이야.
- **격려 및 다짐**: 늦은 시간 험난한 숲을 헤치고 나온 내가 대단하다.

1부

제3장

압화 심리치료의 힘

사라진 우울증

01

1) 사례: 00중학교 정서행동 3회기 집단상담

- **1회기**: 꽃처럼 나도 물들기 … 압화 만들기
- **2회기**: 꽃이 나를 밝혀준다 … 양초 만들기
- **3회기**: 꽃 속에서 나 찾기 … 책갈피 만들기

물들기

양초

책갈피

김〇〇

*** 꽃 속에서 나 찾기**
1. 너 잘 웃어, 웃는 거 제일 예뻐.
2. 의리가 있다. 많이.
3. 한번 친해지면 죽을 때까지 친해진다….
4. 심심하지 않게 해 준다.
5. 너무 밝아서 사람을 기분 좋게 해준다.

*** 꽃처럼 나도 물들기**
1. 제목: 나의 내면
2. 단어: 행복, 희망, 안정, 노력, 기쁨, 힘듦, 피곤, 우울, 따듯, 밝음
3. 스토리텔링: 겉보기에는 밝아 보이지만 내면에는 힘듦과 피곤, 우울함이 있나.

*** 우울 검사: 사전 18, 사후 13**

이〇〇

*** 꽃 속에서 나 찾기**
1. 리더십이 뛰어나 사람늘을 잘 이끌어 갈 수 있다.
2. 말을 하고 다시 생각하는 점이 다른 사람을 생각하는 마음을 가진 것 같다.
3. 토론을 잘하는 것을 보고 논리적으로 말을 잘하는 것 같다.
4. 확실한 신념이 있고 생각하는 점이 너무 당당한 것 같다.
5. 당당하고 파워가 넘쳐서 포스가 멋지다.

*** 꽃저딤 나노 붙늘기**
1. 제목: 비로소 피다.
2. 단어: 희망, 기대, 따뜻함, 어려움, 아름다움, 감사, 선한 영향력, 노력, 꿈, 소원
3. 스토리텔링: 어려움을 노력하여 이겨내고, 꿈을 이루겠습니다.

*** 우울 검사: 사전 22, 사후 4**

윤〇〇

 1. 잘생겼다.
 2. 게임을 잘한다.
 3. 축구를 잘한다.
 4. 어디서든 잘 잔다.
 5. 착하고 친절하다.

 1. 제목: 그래
 2. 단어: 희망, 기대, 꿈, 미래, 행복, 사랑, 성공, 노력, 응원, 기쁨
 3. 스토리텔링: 난 꼭 성공해서 행복하게 살 거야.

* 우울 검사: 사전 22, 사후 22

이〇〇

 1. 말을 잘한다.
 2. 춤을 잘 추는 편이다.
 3. 솔직하다.
 4. 착하다.
 5. 옷이 잘 어울린다.

 1. 제목: 기승 전 샤라랑
 2. 단어: 맑음, 즐거움, 행복, 아름다움, 밝음, 설렘
 3. 스토리텔링: 내가 꽃을 봤을 때 기분은 설렘입니다.

* 우울 검사: 사전 24, 사후 16

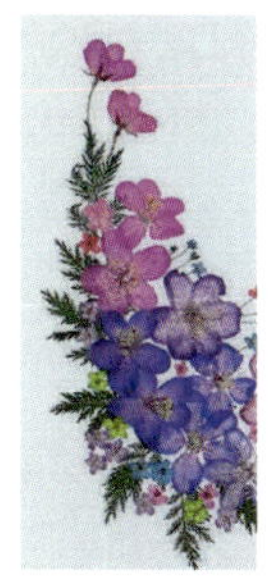

권○○

* 꽃 속에서 나 찾기
  1. 남을 잘 도와준다.
  2. 학교에서 수업 시간에 집중을 잘한다.
  3. 체육 활동을 좋아하고 잘한다.
  4. 방탄소년단을 좋아한다.
  5. 밝아서 남을 기쁘게 해준다.

* 꽃처럼 나도 물들기
  1. 제목: 나의 시간여행
  2. 단어: 행운, 자연, 향기, 푸근함, 나무, 조용, 사랑, 꽃잎, 미래, 과거
  3. 스토리텔링: 어릴 때부터 성인이 될 때까지 미래를 예상해 보는 시간

* 우울 검사: 사전 10, 사후 5

이○○

* 꽃 속에서 나 찾기
  1. 빨리 씻을 수 있다.
  2. 게임을 잘한다.
  3. 체육을 열심히 한다.
  4. 피아노를 잘 친다.
  5. 눈이 커서 정말 너무 좋다.

* 꽃처럼 나도 물들기
  1. 제목: 응원의 글
  2. 단어: 희망, 응원, 설렘, 기쁨, 행복, 몽환, 미래, 아름다움, 과거, 현재
  3. 스토리텔링: 우리도 꽃처럼 꽃을 피우기 위해 작은 씨앗에서 뿌리가 나고, 푸른 잎이 하늘을
             덮을 때까지 열심히 노력하고 살아가고 싶다.

* 우울 검사: 사전 2, 사후 21

지〇〇

1. 잠을 오래 잘 수 있다.
2. 활발하다.
3. 인사성이 바르고 예의가 바르다.
4. 운동을 잘하고 좋아한다.
5. 운동을 열심히 하는 게 멋있다.

* 꽃처럼 나도 물들기
1. 제목: 응원
2. 단어: 행복, 희망, 밝음, 즐거움, 노력, 파이팅, 응원, 인생, 미래, 시간
3. 스토리텔링: 앞으로도 지금처럼 파이팅

* 우울 검사: 사전 17, 사후 7

이〇〇

* 꽃 속에서 나 찾기
1. 멋있고 시크하다.
2. 생각을 많이 한다.
3. 감성적이다.
4. 목관악기를 잘 분다.
5. 글을 잘 쓴다.

* 꽃처럼 나도 물들기
1. 제목: 성공의 실패
2. 단어: 인생, 불안함, 성공, 실패, 기쁨, 초조, 전부, 모든 것, 생활, 생각
3. 스토리텔링: 인생의 모든 것은 성공과 실패이다.

* 우울 검사: 사전 24, 사후 19

안○○

*** 꽃 속에서 나 찾기**

1. 그림 그릴 때 상상력을 잘 발휘한다.
2. 피부가 하얗다.
3. 피아노를 잘 친다.
4. 자신감이 넘쳐서 아무 데나 당당하고 하고 싶은 대로 행동한다.
5. 자유롭다.

*** 꽃처럼 나도 물들기**

1. 제목: 여유로운 정원
2. 단어: 향기, 차, 꽃봉오리, 위로, 여유, 차분, 물소리, 파티, 행복, 조화
3. 스토리텔링: 눈치 보지 말고 나랑 파티하자.

*** 우울 검사: 사전 14, 사후 8**

배○○

*** 꽃 속에서 나 찾기**

1. 남의 말을 잘 들어준다.
2. 좋아하고 하고 싶은 일은 최선을 다한다.
3. 친구들이 힘들 때 마음을 다해 응원하고 위로해 준다.
4. 글을 잘 쓰고 책을 열심히 읽는다.
5. 기분 좋게 말을 해준다.

*** 꽃처럼 나도 물들기**

1. 제목: 희망 사항
2. 단어: 위로, 편안함, 안정, 희망, 원함, 마음, 노력, 미래, 포옹, 행복
3. 스토리텔링: 포옹과 위로를 받아서 편안해진 내 마음이 다시 안정을 찾아 희망을 얻어 노력한 뒤 미래에
   는 원하는 것을 이루고 행복해지길 바란다.

*** 우울 검사: 사전 21, 사후 17**

도박 중독자의 회복

1) 사례: 압화심리치료의 실제를 적용한
26세 남성 도박중독자의 작품 한눈에 보기

군 제대 후 복학, 3, 4학년 동안 2억 3천 도박.

방문 시 불안과 우울 높음.

자살 충동은 있었으나 시도 없었음.

1. 주체적 자각

2. 자유 의지

3. 선택과 결정

4. 신념 의지

5. 기다림 의지

6. 집중과 환희

7. 카타르시스

8. 스타트

9. 자아성찰 및 존중

10. 뉴 스타트

- **1회기: 주체적 자각**
  제목: 순수한 고민

- **2회기: 자유 의지**
  제목: 다짐

- **3회기: 선택과 결정**
  제목: 무한한 가능성

• 4회기: 신념 의지
제목: 용기야 지켜라

• 5회기: 기다림 의지
제목: 높이 올라 만개하는 꽃

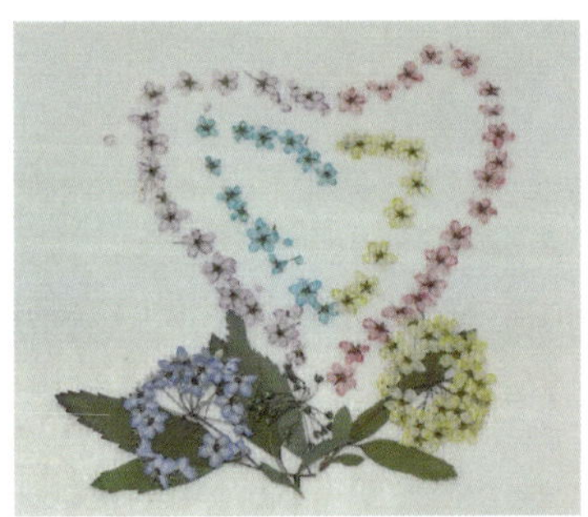

• 6회기: 집중과 환희
제목: 안전한 사랑

제목: 타인에게 영향 주는 삶

제목: 멀리 퍼져라

제목: 반드시

제목: 기대되는 나

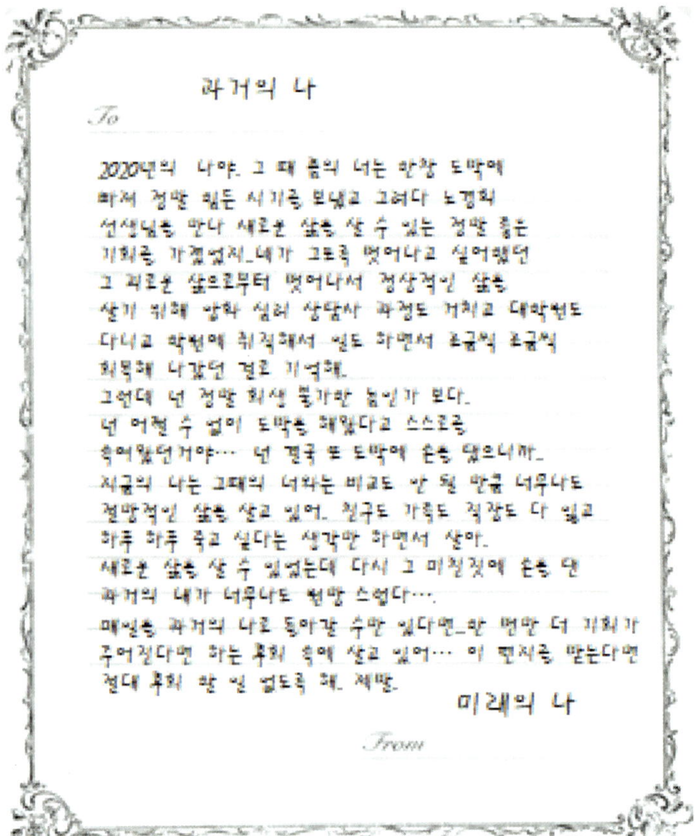

○○는 현재 가출 상태이고 연락 두절이다.

이 또한 중독상담 과정이다. 헤매며 자기와 싸우며 애쓰고 있을 것이다.

중독상담이 어렵다지만 난 ○○가 돌아와 회복되어 중독상담 예방 교육 및 중독상담 전문가가 되어 소명의식을 가진 상담자가 될 것을 믿는다. 사위 삼고 싶은 내담자이다.

정서·행동에 미치는 긍정적 영향 03

징서 행동 학생, 기초학력 부진 학생, 일반 학생이 꽃으로 자신을 표현하면 누구나 긍정적이 된다.

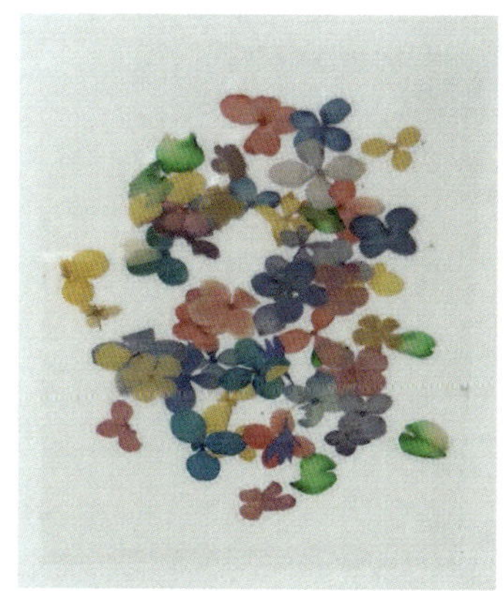

- **제목**: 심플한 나
- **장점**: 조용하다. 착하다. 배려심이 많다. 심플하다. 편하다.

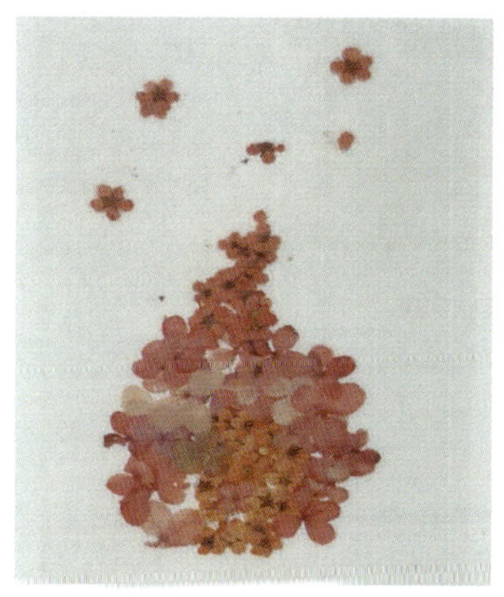

- **제목**: 의지
- **장점**: 섹시하다. 친구가 많다. 인기가 많다. 말을 잘한다. 사교성이 좋다.

- **제목**: 나는 무엇으로도 표현할 수 없다.

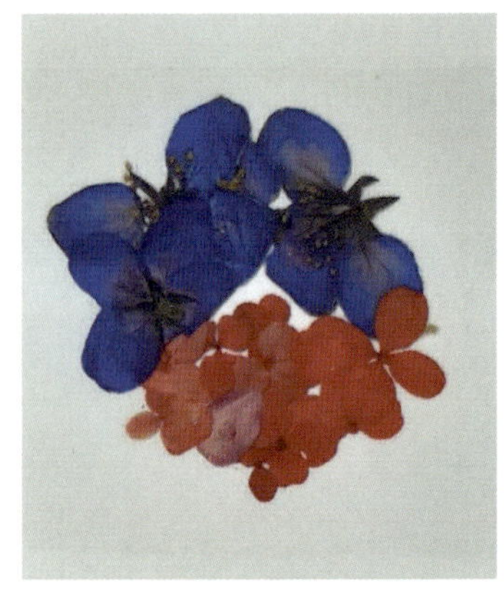

- **제목**: 어울림
- **장점**: 차가우며 따뜻하다. 역사를 잘한다.
  건강하다. 미국을 좋아한다. 아름답다.

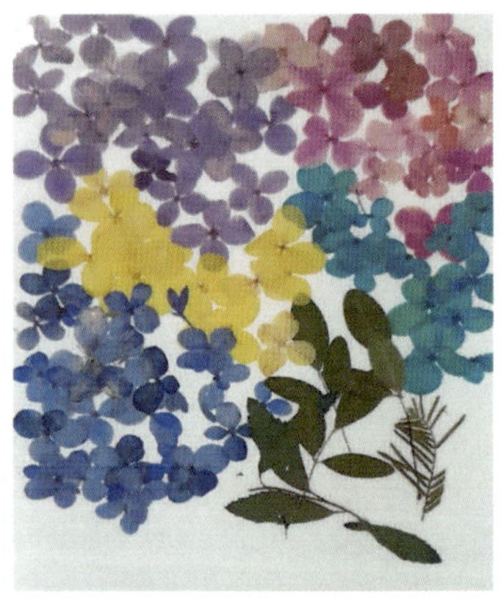

- **제목**: 불타오른다
- **장점**: 듬직하다. 착하다. 회계할 줄 안다.
  마음이 넓다. 안정감이 있다.

- **제목**: 미소
- **장점**: 사람들이 좋아한다. 예쁘다. 성격이 좋다.
  배려심이 있다. 친구들을 좋아한다.

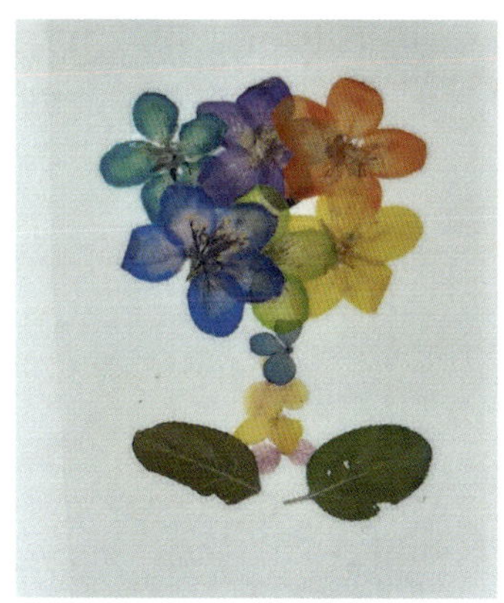

- **제목**: 알록달록한 나
- **장점**: 잘 먹는다. 잘 논다. 게임을 잘한다.
  착하다. 안정감이 든다. 조용하다.

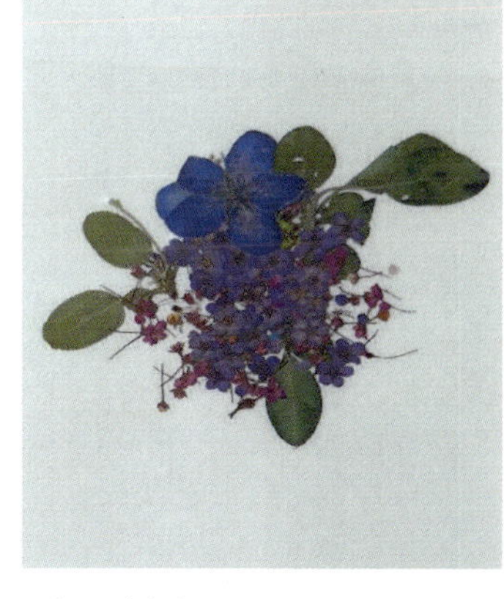

- **제목**: 멋진 나
- **장점**: 이족 보행한다. 사회적 동물이다. 두
  손을 사용한다. 큰 꽃을 작은 꽃이 떠받
  들고 있다.

- **제목**: 숲속 정원
- **장점**: 체인김이 있나. 꾀ㅅ이 찔힌다.
  나 자신을 믿는다. 공감을 잘한다.

- **제목**: 의미 있는 나
- **장점**: 그림을 잘 그린다. 책을 많이 읽는다.
  잘웃는다. 하고자 히는 것이 있으면 한다.

- **제목**: 인생
- **장점**: 태어나서 줄기를 지나쳐서 유치원을 지나쳐 초·중·고를 거치며 많은 친구를 만나 큰 꽃이 있는 꿈을 찾게 된다.

- **제목**: 날개
- **장점**: 작은 꽃들이 큰 꽃을 받쳐주는 역할을 하지만 작은 것들이 모이고 모이면 큰 꽃들보다 더 큰 역할을 한다.

- **제목**: 어두운 밤 빛나는 꽃
- **장점**: 힘들 때 희망은 어두운 밤을 밝혀 준다. 힘들 때 큰 힘이 되어주는 친구들, 내 꿈의 뒷받침이 되어주는 부모님이 고맙다.

- **제목**: 반짝반짝 빛나는 꽃들
- **장점**: 어두운 마음이 주변 사람들 덕분에 빛이 난다.

- **나는**: 열정이 가득하다.
- **장점**: 활발하다, 착하다, 인내심이 크다,
  조화롭다, 배려심이 많다, 열정이
  가득하다.

- **나는**: 쿨한 나
- **장점**: 단순하다, 착하다, 예쁘다, 참는 것을
  잘한다, 배려를 잘한다.

- **나는**: 매력적이다.
- **장점**: 빠져든다. 배려심이 많다. 봉사성이
  좋다. 필요적 존재다. 장점이 너무
  많다.

- **나는**: 걱정이 좀 많다.
- **장점**: 꼼꼼하다. 화를 잘 안 낸다. 생동하다.
  성격이 여러 가지다.

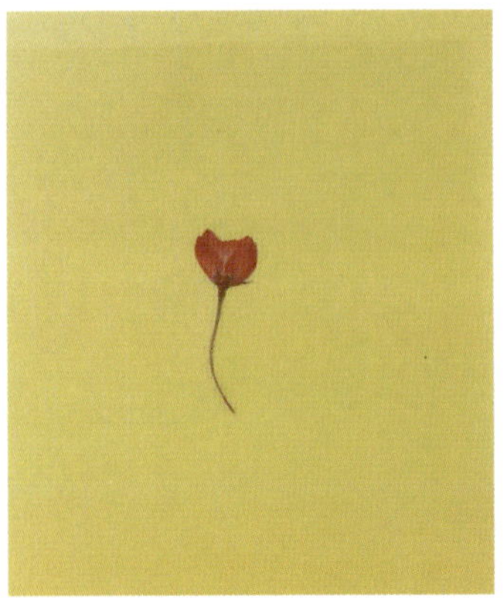

- **나는**: 목표가 하나밖에 없다.
- **장점**: 개성이 있다. 승부욕이 강하다. 상상력이 풍부하다. 주장이 강하다. 확고한 목표와 신념이 있다.

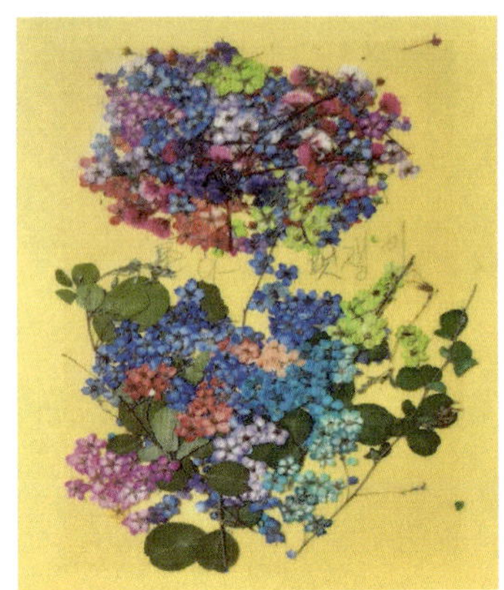

- **나는**: 여러 가지가 합쳐진 나
- **장점**: 눈치가 있다. 잘못을 인정하고 고친다. 타인의 말을 구별할 수 있다. 힘들어도 원하는 것을 해낸다. 활용도가 있는 나다.

- **나는**: 여백의 미
- **장점**: 심플. 다양함. 포부가 넘쳐흐른다. 평범하다. 나와 비슷하다.

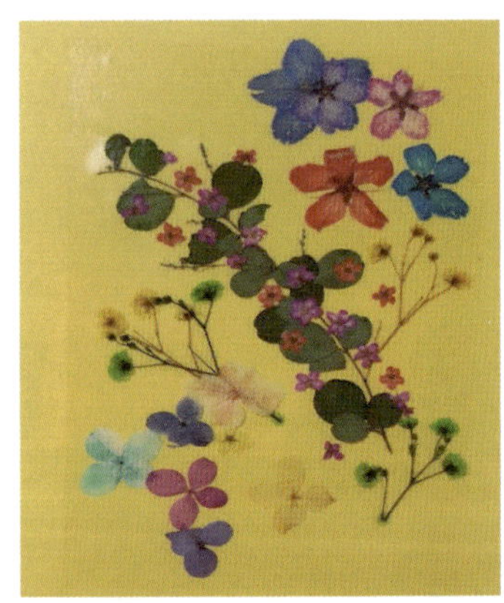

- **나는**: 다양한 내 생각
- **장점**: 운동을 좋아한다. 꾸미는 것을 좋아한다. 많은 일이 즐겁다. 먹는 것을 좋아한다. 멋지다.

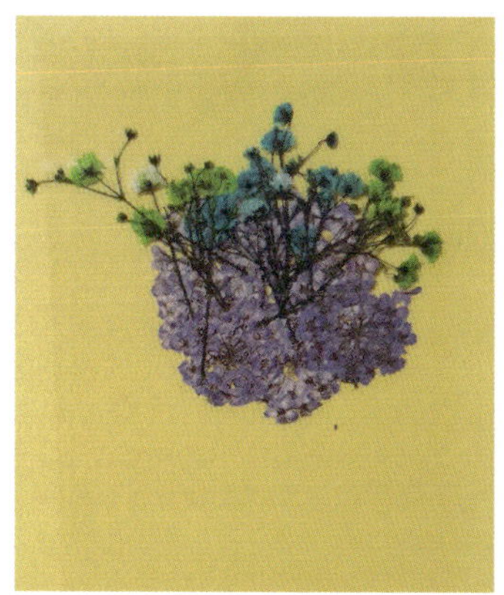

- **나는**: 혼합돼도 아름답다.
- **장점**: 착하다. 뭐든 열심히 한다. 운동을 잘
  한다. 공부를 잘한다. 친구가 많다.

- **나는**: 삐져나온 내 욕심
- **장점**: 잔머리가 잘 돌아간다.

- **나는**: 나약하게 보이지만 절대 꺾이지 않아.
- **장점**: 못 씀.

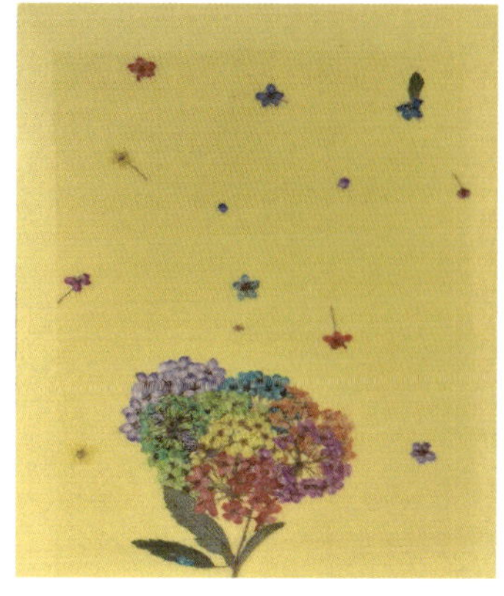

- **나는**: 넘치는 행복
- **장점**: 운동을 조금 힘. 시키는 거 살함.
  키가 큼. 배려를 잘함. 청소를 잘함.

1부

압화 심리치료로 변화된 아이들

"울어도 울어도
계속 눈물이 나요"

중학교 3학년 수정이

눈이 초롱초롱 샛별 같은 눈을 가진 아이가 들어왔다.

이목구비가 뚜렷하지만, 이 아이는 피부도 마음도 촉촉해 보였다. 자세히 보니 초롱초롱한 눈이 아닌 그렁그렁한 눈물이 들어있는 눈이었다. 눈을 살짝만 감아도 또르르 굴러 내릴 것 같았다.

오랫동안 그 녀석은 눈물을 눈에 넣고 다녔다. 전염까지 시켰다. 상담하려고 마주하면 덩달아 눈물이 가득 채워졌다. 함께 울었다. 울어도 울어도 화수분이었다. 나도 그 아이도.

중3 수정이에게는 오빠와 동생이 있다. 세 살 많은 오빠는 유치원 때부터 엄마가 되고 친구가 되어 동생들을 돌보며 삼 남매는 똘똘 뭉쳤다. 엄마는 수정이가 네 살, 동생이 걸음마 할 때 집을 나가셨다. 할머니가 계셨지만, 아들을 힘들게 하는 손자 손녀라고 노골적인 표현을 하며 삼 남매에게 관심이 없으셨기 때문이다.

엄마께 버림받은 아이로 성장하여 자존감이 낮고 친구들에게 인정받고 싶으나 외면당하며 내적 충돌이 시작되고 우울증을 넘어 마침내 조현증이 촉발된 아이다.

환청 환시까지 있어 환청과 대화도 하고 환시를 따라 건널목을 건너고 있어 교통사고 직전까지 갔었다고 한다.

하루는 수정이가 절절히 말했다.

"선생님, 엄마께 제 눈을 보여주고 싶어요."

언제 어디서든 바로 보여주려 넣고 다니는 눈물처럼.

2차 성징기가 오며 오빠는 엄마가 될 수 없었다. 수정이는 엄마가 원망스러운 만큼 사무치게 보고 싶고 그리움도 커져 도저히 한 번만이라도 안 보면 못 살 것 같았다. 이때부터 눈물이 고이기 시작했다. 오빠는 그 마음을 알아주었다. 그렇게 삼 남매의 엄마 만나기 작전이 시작됐다. 태국에 있는 엄마가 일하는 곳 전화번호도 입수했다. 오빠는 아르바이트했고 둘은 용돈을 쓰지 않고 저축하기를 3년, 마침내 비행기 표를 샀다. 비행기 안에서 삼 남매는 기대감과 희망으로 가슴이 벅차고 눈물도 말랐다. 막내가 제일 좋아했다.

태국 공항에 내려 엄마 직장으로 전화를 했다. 통화하는 오빠의 목소리가 떨리기 시작하더니 간절히 부탁하고 있었다. "나는 안 만나도 좋으니 두 동생만을 만나 달라"고 사정사정하고 있었고 마침내 울먹이며 전화를 끊었다. 또 렷이 엄마라고 불러보지도 못한 채였다. 동생들이 울까 봐 오빠는 억울함과 서운함을 혼자 삭혀야 했다.

부푼 희망은 너무도 잔인하게 그대로 내팽개쳐졌다. 엄마는 자초지종을 듣지도 않은 채 '만나고 싶지 않으니 동생들을 데리고 가라'고 하셨단다.

내가 만난 아이 중 최고의 용기를 낸 삼 남매다. 그들은 한국으로 돌아왔다. 그러면서 그 아픈 마음을 달래는 것도 오롯이 자기 몫이 되었다. 어느 누가 그 마음을 감히 짐작이라도 하겠는가!

눈 속의 눈물과 조현증의 촉발은 너무도 당연하지 않은가?

1) 수정이의 압화 심리치료 과정 1

사전 검사: 꽃잎으로 나 표현하기

내적 욕구와 외적 영향으로 양가감정 차가 커 우울증이 깊어지고 마침내 조현병으로 촉발되다. 성장하고 싶은 욕구는 많으나 다양성을 계발하지 않고 외골수적 성향을 강화하여 묻어두었다.

(A) 입체 꽃 물들이기

수정이는 입체 꽃을 압화로 만들기 위해 꽃에 물들이기 과정을 가장 좋아
했다. 흰색 꽃이 염료를 빨아들이며 변하는 과정을 3시간 이상 지켜보고 기
다리며 새롭게 탄생하는 꽃의 색을 보며 자신을 투사했다. 눈앞에서 변화되
는 것을 카타르시스 작용으로 끌어내며 감동하고 확신에 찼다. 자신도 마음
만 먹으면 부정적 요소들이 긍정적으로 바뀔 수 있음을 알게 됐다.

(B) 입체 꽃 압화 만들기

염색된 꽃을 입피히기 위해 꽃 화지에 일정하게 줄을 세우며 배열해 놓은
싱대를 보며 본인의 헝클어신 마음과 한 줄로 세울 수 없어 갈등하고 힘이 드

는 마음을 알아낼 수 있다.

(C) 압화 분류하기

　농부가 수확을 하며 만족감에 행복해하듯 입체 꽃을 염색하여 압화로 변한 꽃들을 보며 정성스레 모아 같은 색, 크기, 종류로 분류하며 자신의 욕구를 탐색하고 발견하며 성취감을 가졌다.

(D) 압화 작업하기

그러나 스스로 만들어낸 꽃으로 자신을 위한 작업을 할 땐 안쓰러웠다.

선택의 결정을 하지 못했다. 선택의 결정을 지지받고 격려받고 칭찬받아본 경험이 없는 수정이는 오랜 시간 후에 결정은 하였지만, 단색만으로 자신을 표현했다.

그리고 오랜 시간이 걸려 완성했다.

스스로 신택하고 설성한 것을 성취하여 듣고 싶은 칭찬을 들어야 만족감을 느껴 자존감이 향상된다.

(E) 완성한 작품 이름 붙이기

내면의 상태가 그대로 투사된 작품을 보며 수정이는 자신을 알아차렸다.

자신의 작품을 보며 자신 안에 힘이 있음을 스스로 발견하고, 그 힘을 제대로 써 봐야겠다고 마음먹었다.

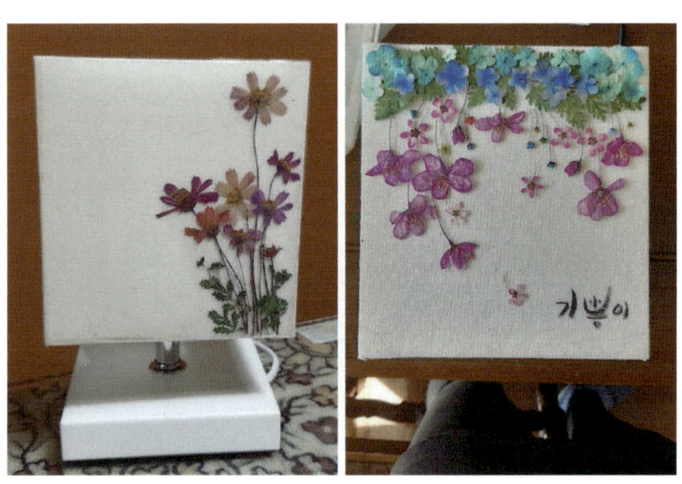

압화 치료의 효과는 작업하는 과정을 통해 스스로 발견하여 알아차리고 마음먹게 한다. 본인도 꽂인 것을 인정한다.

압화 치료를 통하여 수정이는 우울증이 현저히 나아져 정서적으로 안정감을 찾아 학교생활에 적응하고 있으며, 이해와 존중을 받은 경험이 부정적 인식을 긍정적으로 바꾸고 있고 그 힘으로 내면에 묻혀 있는 에너지도 제대로 활용할 것이다.

그 아이는 눈에 들어있는 눈물을 내 눈에 고이게 하더니 내 눈에 고인 눈물을 보고 도전의 싹을 틔웠다.

2) 꽃잎으로 나 표현하기

사후 검사: 꽃잎으로 나 표현하기

억울함, 화남, 불안 등 부정적 감정을 이해받고 수용 받은 경험이 긍정적으로 자신의 내면을 인정하게 해주었다. 타인을 보는 시선과 배려도 수용하며 자아가 생기고 희망이 싹텄으며 자아가 통합되어가고 있다.

"제 감정을
존중받고 싶어요!"

대안 학생 리틀 지웅

리틀 지웅은 내가 좋아하는 아이의 별명이다. 막내아들과 너무도 흡사하여 내 아들 이름으로 지어주었다.

그 아이는 리틀 지웅이란 별명도 좋아한다.

이 아이의 무엇이, 내가 좋아하고 의지하는 아들을 닮았나 생각해 봤다.

있는 그대로 솔직했다. 장단점을 인정했다. 질문에 당당히 대답했다. 슬그머니 부끄러움도 알았다. 칭찬도 잘 해주었다. 압화를 시작하면 끝을 봤다. 예쁜 것을 보고 선물을 하려 했다. 놀라울 만큼 친구의 장점만을 얘기했다. 식사를 맛나게 했다. 미안한 마음을 받아주었다. 이쯤이면 콩깍지가 단단히 씐 것이다.

대안 학생으로 올 청소년이 아니었다.

온 이유를 묻자 선생님께 대든다고 했다.

현재 담임 선생님과는 관계도 좋고 학교에 다닐 힘도 되어주시지만 다른 교과목 선생님들께 반항하고 1, 2학년 벌점이 많아서 온 학생이다.

처방은 바로 나왔다. 좋은 것을 그대로 표현해주면 된다.

리틀 지웅은 압화를 하면 다양한 색상을 활용하여 일상에서 쓰는 컵에 꽃을 붙여 에폭시로 마감하는 꽃 컵을 만들어 엄마, 담임, 위클래스 선생님을 드리겠다며 정성을 들였다. "어찌 그런 마음을 냈어?" 하자 "제가 잘 되기를 바라는 분들이세요." 했다. 난 가슴이 '쿵' 하며 울컥했다. "우리 강아지 마음을 고마워하시겠다." 하자 주저 없이 "네" 하며 타인을 향한 긍정적인 마음을 갖고 있었다.

며칠 후 담임과 위클래스 선생님이 방문하셔서 함께 집난상남을 하며 그 아이의 인싱을 확인하는 기쁨으로 울고 웃고 감동했다. 이미 종료가 보였다. 그 아이 옆에는 위클래스 선생님과 담임이 있어 걱정 '뚝'이다.

압화로 작품을 만들 때면 꼼꼼하고 완벽하게 완성을 위해 몰입했고 그 과정의 편안함을 즐기고 만족해하며 자신의 욕구를 알아냈다. 제대로 인정받고 싶은데 공부는 일찌감치 손을 놓았다. 특별한 재능도 없는 자신이 학교에서 인정받을 게 없자 영웅심을 표현했고 시선이 모이자 강화되었음도 알아차렸다. 정말 기특한 아이였다. 무시 받는 느낌으로 화가 올라오면 어찌해야 하는지를 질문했다.

역으로 "리틀 지웅, 그 화나는 순간을 어찌하면 될까?" 하자

"참아야 하는데 엄마께 전화해서 화난 것을 애기할까요?" 했다.

누구에겐가 감정을 존중받고 싶구나.

자신의 감정을 전달해 제대로 수용받은 경험이 부족할 것 같아 걱정되어 물었다.

"제 편을 들어주시지 않을까요?"

자극과 반응 속엔 공간이 있다. 불편한 자극이 오면 마음이 불편함을 알아차리고 잠시 멈춘 후 그 공간을 활용할 수 있어야 한다. 맨 먼저 네 마음을 네가 알아주면 억울함이 덜하다고 하자 "제가 제 마음을 알아줘 봤자예요." 했다.

자신을 신뢰하지 못하는 자존감이 낮은 아이다.

부모님은 사업으로 바빠 할머니 댁에서 성장했고 선한 손자를 모두 받아주기만 하셔서 분별력을 키우지 못했다. 집에는 책도 없어 간접 경험도 없었다.

원하는 사진을 찍어와 스토리텔링을 하고 그 주인공이 지금의 감정을 꽃에 '나'를 전달하는 법으로 연습하였다. 스펀지가 물을 빨아들이듯 흡수력이 대단해 우린 서로 놀랐다.

그렇게 리틀 지웅은 자신의 문제를 스스로 해결하는 연습을 하며 기간이 종료될 즈음 제대로 알아차렸다.

"선생님, 무시 받는 느낌이 들 땐 역지사지해봐야겠어요."

그는 이미 준비가 되어있지 않았을까? 그렇지 않고야 3주 만에 알아차림이 놀라웠고 마지막 날엔 새로운 출발을 위해 어머니께서 케이크도 보내 주셔서 함께 힘냈다.

'한 아이가 변하기 위해서는 학교와 가정, 본인이 함께 노력해야 함'은 교과 서에 나오는 뻔한 얘기가 아니다. 진정 존중받은 경험이 있어야 분노 조절이 가능하다.

리틀 지웅의 활약은 지금부터다.

학교로 돌아간 이 아이가 또 한 번 불끈하자 학교에서 연락이 왔다. '어찌 그대로인가?' 전혀 불안하지 않았다. 스스로 해결점을 찾아가 역지사지를 결심한 아이인데 기다려주면 되는 것을…. 나의 단호함에 학교 선생님들도 함께 기다려주었다. 교장 선생님은 이 아이를 불러 대안 교육 과정을 직접 칭찬하시며 격려하고 변화를 높이 사주셨다.

감동이 시작되었다.

리틀 지웅의 변화로 학교 적응이 힘든 아이들이 연구소로 왔고, 대안 학생으로 간 친구가 적응을 잘하는지 전화로 세세히 묻고 본인의 도움을 줄 역할도 물었다. 담임과 위클래스 선생님이 하신 것처럼 똑같이 마음을 내었다. 연구소에 친구도 감시할 겸 자랑도 할 겸 왔다. 약속한 책도 매일 읽고 있고 선생님들께도 매일 칭찬을 받으니 어리둥절하다나!!! 이렇게 반갑고 고마울 수가 없는데 한술 더 뜬다. 약속의 중요성을 피력하며 고등학교 가서는 공부도 해 봐야겠단다.

그 학교는 리틀 지웅의 변화로 센 아이들이 덩달아 바뀌기 시작했다. 도저히 달라지지 않을 것 같은 친구의 변화는 나비효과를 내었다.

<table>
<tr><td>부모님</td><td>담임과 상담 선생님</td><td>이모</td></tr>
</table>

리틀 지웅 마음속엔 감사한 분들이 많았다.
본인 것보다 부모님, 선생님, 이모를 그리며 만든 컵들.

"나도 내가 왜
그런지 모르겠어요"

대안 학생 휘민

'이 학생은 지능검사를 해서 경계성 장애가 있음을 알면 교육방법이 달라질 수 있겠다'라고 담임 선생님께 메시지를 드렸다. 선생님도 의심 중이어서 그러기로 했다.

경계성으로 의심하며 3주 수업을 시작하였다.

본 연구소는 청주 우암산 중턱 김탁구 제빵왕을 촬영한 예술촌에 자리하고 있다. 우리나라에서 벽화마을이 처음 시작된 곳이다. 6.25 전쟁 당시 피난민들이 살던 곳으로 작은 집들이 다닥다닥 붙어있고 공중화장실을 함께 사용하던 곳을 시에서 예술촌으로 변모시켰다.

휘민에게 벽화 중 마음에 드는 10장을 사진 찍어오게 한 후 그 사진으로 스토리텔링을 만들게 했다. 이 수업은 대안 학생들에게 기본으로 하는데 휘민은 사진 찍어 온 것만으로도 남달랐다. 대개의 학생은 꽃과 즐거운 인물, 귀여운 동물 등 밝은 사진을 찍어오는데 휘민이는 이야기 전개가 슬그머니 걱정되며 기대도 되었다.

1) 휘민의 스토리텔링 만들기

요즘 지구온난화가 심해져 나무들이 점점 시들고 있습니다.
지구온난화 때문에 북극곰도 참 힘들어하고 있고 생명이 위험해요.

지구온난화가 심해져 더워진 날씨 때문에 사람들이 집에서 나오지 않아서 덤불 같은 걸 손질해주는 사람이 없어서 나비들이 걸려서 불편해하고 있어요.

더위가 점점 심해져 이젠 꽃들도 형태를 알아보기 어려울 정도로 시들어가고 있어요. 왜 도대체 지구온난화가 일어났는지 궁금증이 생겼습니다. 그때 생각이 났습니다.

그 이유는 사람들이 길에 버린 쓰레기가 점점 심해졌기 때문이에요. 그걸 알게 된 인간의 신은 지구의 신에게 가서 부탁했어요. 제가 책임져서 지구 사람들 모두 쓰레기 같은 것을 아무 데나 버리지 않도록 하겠습니다. 제발 날씨를 시원하게 해주세요. 어쩔 수 없이 지구의 신은 한 번만 기회를 주기로 하였습니다.

시원해진 날씨 덕에 인간들은 인간의 신한테 감사한 마음으로 축제를 열었습니다. 사람들 모두 기뻐하며 재밌게 놀고 인간의 신에게 감사 인사도 드렸어요.

집에 있어도 더워서 짜증을 내던 가족들은 시원해진 날씨 덕에 행복한 표정을 짓고 있어요.

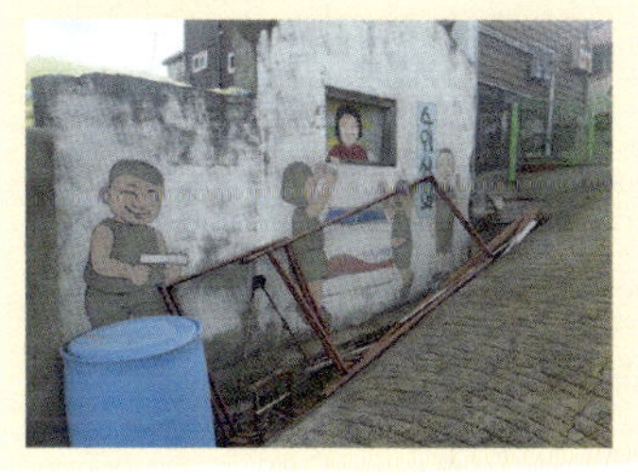

동네 아이들도 재밌게 놀고 너무 더워서 열지 않던 가게도 열기 시작했어요. 아이들은 기분이 좋아서 빨리 가게에 가서 아이스크림을 사 먹었어요.

더워서 나오지도 않던 아이들이 드디어 나와서 재밌게 놀고 있네요.

이젠 사람뿐만 아니라 시원해진 날씨 덕에 다른 동물들도 정말 행복한 표정을 지으며 쉬고 있습니다.

무엇보다 동물 중에서도 날씨가 시원해져서 생명 걱정할 필요가 없어진 북극곰이 정말 행복해하며 얼음 위에서 아주 활짝 웃고 있습니다. 이렇게 인간의 신 부탁과 인간들의 약속으로 시원해진 날씨 덕분에 사람들 동물들 모두 행복하게 살았답니다.

　　대안 학생으로 온 아이들은 들어오는 순간 알 수 있다. 푹 안아주고 그 아이의 가슴에 들어가 함께 파도를 타며 어떤 상황에서도 옆에 있을 거란 확신을 주면 된다.

그러나 휘민이는 모든 부분에 YES해 '초긍정'인지 수동적인 것이 몸에 밴 건지 모르겠었다. 어눌하지만 감정을 드러내지 않는 무표정으로 질문에는 적절한 답을 하니 경계성을 의심했다. 120kg은 될 듯한 거구로 뜨거운 짬뽕을 순식간에 국물까지 깨끗이 먹는 지나친 식성도 자신을 보살피지 않는 것 같아 걱정되었었다.

휘민이는 담담하게 말하여 어렵지 않게 시작하였고 마무리하였다. 점심을 먹으러 가기 위해 걸으며 주체가 없이 이야기가 전개되어 물었다.

"휘민아, 넌 그 속에서 누구야?"

"인간의 신이요."

"그랬구나!!! 휘민아!"

가슴이 먹먹하녀 눈물이 와락 쏟아졌다. 경계성을 의심한 것이 너무도 미안했다.

외모를 보고 지레짐작함이 미안했다.

친구들이 부탁하면 신의 마음으로 그 마음을 알아주어 행한 것이었구나. 스스로는 부하가 아니었다. 리더요 하느님이요 부처님이었다. 이 아이는 친구들에게 영향력 있는 사람이 되고 싶은 욕구를 가슴에 품고 있었다.

휘민이는 부모가 이혼해 할머니 손에서 컸다. 잘 걷지도 못하는 할머니와 전국을 돌며 일하시는 아빠께 죄송해서 일정한 용돈은커녕 주면 받고 안 주면 그냥 산다고 했다. 밥은 해주시지만 그냥 산다는 8도에 대해 알아봤다.

휘민이는 용돈 없이 사는 방법을 선택했다. 친구들 옆에 있으며 시키는 것을 하면 되었다. 묵묵히 수행하고 소리 내지 않고 있으니 간식도 담배도 헌 옷도 생겼다.

대부분을 예스 하고 친구가 좋은 휘민이는 친구들이 시키면 뭐든 했다. 이런저런 심부름과 절도도 서슴지 않았다. 결과에 대한 벌도 달게 받았다. 보호감호소 생활을 하며 친구들을 원망하지 않으며 처한 상황을 고스란히 받았다. 현재 처한 상황에서 휘민이는 제일 나은 선택이었음을 후회하지 않고 있었다. 선택에 대한 책임을 기꺼이 지고 있었다.

그 날 이후 휘민이는 나의 스승이 되었다.

"씻어도 씻어도
안심할 수가 없어요"

대안 학생 수진(가명)

수진(가명)의 그림은 섬세하고 단정하다. 캐릭터에 쓰는 선이 부드럽되 힘이 있고 완성도가 좋아 "월트디즈니사에 취직해도 좋겠다" 하자 "저는 학생들을 가르치고 싶어요" 한다. "교사가 되고 싶구나" 하자 "학교 교사는 자신이 없고 학원에서요" 한다. 목표까지 확실하게 정립되어 있었다. 초등부터 고2까지 미술학원에 다녔다니 끈기도 칭찬했다.

압화를 주며 나를 표현해보라고 하니 우아하고 아름답게 표현했다.
보라색을 주로 사용하여 두 마음을 나타내었다.

고3 수진이가 대안 학생으로 오기까지 오랜 시간이 걸렸다.
부모님과의 통화와 방문, 그리고 다시 만난 부모님이 설정하여 보내겠다는 통고 후 학교에서 질차를 밟아 숙려제 학생으로 왔다.

고 3이자 20살인 수진이는 주민등록증도 있는 성인이다.

엄마도 아빠도 무일푼으로 자수성가 후 결혼하셨다. 노력만 한다면 세상엔 안 되는 것이 없다는 신념이 있었다. 그 부모님은 수진이가 잘못을 하고 실수하는 과정까지도 웃으며 바라보셔서 그래서 미치겠다는 표현을 한다.

수진이는 부잣집에서 4번째 시험관 시험관 시술 성공으로 낳은 이란성 쌍둥이 중 딸이다. 엄마는 유산할 가능성이 있어 병원 생활을 하셨고 쌍둥이를 출산하는 날은 온 세상이 그들을 위해 있는 듯했단다. 1분 오빠는 퇴원하며 외할머니 손에서 왕자처럼, 수진이는 엄마 품에서 공주로 성장하였다.

공주님을 향한 극진한 사랑은 백화점 가서 쳐다만 봐도 사주었고, 예체능은 개인 과외교사에게 시키고 영어 또한 유명한 선생님께 교육받았단다. 그렇게 세상이 자기 중심으로 돌아가고 있듯 살던 중 잘 나가던 아빠 회사가 부도를 맞게 되었다. 부산에서 사업을 크게 하시던 중 직원이 고액의 현금을 가지고 도주하였고 수소문 끝에 청주에 숨어 있다는 소식을 들었다. 직원을 찾기 위해 청주를 온 것이 계기가 되어 얼떨결에 눌러앉게 되었던 것이란다.

이번엔 진짜 세 식구만으로 살았다. 아빠는 씻지도 먹지도 않은 채 방에서 나오지도 않고 폐인으로 살며 엄마가 퇴근하면 한 끼를 위해 나오셨다. 5살 수진이는 그런 아빠께 맡겨졌다. 혼자 놀아야 했고 엄마를 기다리며 두려움 속에서 떨어야 했다. 엄마는 아빠와 함께 있는 딸이 걱정스럽지 않았고, 딸은 엄마를 위해 잘 놀고 있는 척하며 엄마가 직장을 다닌 3년은 수진이에게 너무도 힘든 시기였다. 본인의 자책으로 분노 속에서 사는 아빠가 무서워 책상 밑은 아지트가 되었고, 화내는 큰 소리가 나지 않게 숨어 떨면서 엄마 오기를 기다려야 했다. 그렇게 두려운 3년이 지나고 초등학교에 갈 즈음 아빠는 이발도 하시고 수염도 깎으며 집 안엔 창문도 열렸다.

귀한 딸에게 미안했던 3년만큼 아빠는 집착하셨고, 고등학교 진학도 아빠의 뜻에 따라야 했다. 원치 않았던 과에 입학한 학교 생활은 재미가 없고 억지로 다녀야만 했다. 앞자리엔 덩치 큰 운동부 남학생이 앉아 있었는데 큰 목소리와 심한 말과 욕은 상처가 되었으며 위압적인 목소리에 대한 공포가 5살 책상 밑에서 숨죽이던 자신을 드러내게 하였다. 그 학생이 한 말은 모욕감 이상의 수치심을 갖게 하였고 그 더러운 기분을 집에 오면 깨끗이 씻어내기 위해 몇 번이고 비누로 닦아내고 목욕하였다. 시간이 갈수록 좀 더 철저히 하기 위해 수없이 비누로 씻어내도 모욕감은 닦이지 않았다.

그래서 마침내 완벽한 것을 찾아냈다.

락스로 헹구어 내기였다. 기분이 상쾌해지고 안전하단 생각이 들었다.

웬만한 세균은 다 죽으니 완벽한 방법이었다.

덩치 큰 남학생의 컨디션과 락스의 양이 비례했다. 상황은 점점 악화되고 이젠 락스로 몸을 닦는 것만으로는 해결되지 않았다. 학교 갔다 처음 들어가는 화장실에서도 오염되는 듯하여 화장실 청소를 자처하며 몸도 화장실도 락스로 깨끗이 닦아냈다. 택배로 커다란 락스 통이 오고, 목욕탕에 들어가면 2시간씩 나오지 않았다. 락스 냄새가 진동하자 엄마가 의심했고 이내 상황이 밝혀졌다. 금지옥엽 딸의 아픔은 부모에게 청천 날벼락이었다. 바로 고등학교를 자퇴했고 두문불출했다. 살이 점점 찌기 시작하고 1년 후 다른 학교에 진학하였으나 적응이 어려웠다. 고등학교는 졸업해야 한다는 부모의 권유로 겨우 출석 일수만 맞추며 1학년을 마쳤고 작년엔 코로나로 집에 있던 시간이 많아지며 올해 3학년 적응이 어려워 대안으로 온 학생이다.

1) 압화 심리치료의 실제를 적용한 15회기

(A) 공감과 경청으로 라포 형성

자기 의견이 분명하며 부모님께 양가감정이 있는 수진이는 학원 강사가 되고 싶어 했다.

사전 검사: 나 표현하기

떠오르는 단어: 슬픔, 외로움, 미안함, 고독, 힘듦, 희망, 우울, 불안, 고통, 노력.

위압적인 몸짓과 큰 목소리가 트라우마인 것을 알고 재경험 성공과 지지와 격려를 받았다. 락스로 몸 닦는 것을 멈추고, 학원 강사가 되기 위해 지도자 과정을 밟고 있다.

(B) 만남의 평가 단계

책상 속에서 큰소리가 나지 않기를 바라며 숨어 있는 나.

하고 싶은 말과 다짐을 새로 만들었다.
"난 부모님의 소유물이 아니니 존중해 주세요."
부모님이 타협이 안 되면 무시하거나 독립을 하겠다.

(C) 실존의 단계

나는
새로운 것에 도전하기를 좋아하는 나.
분석을 잘하고 장단점을 잘 파악하는 나.
스스로 기적이 되도록 하는 나.

직면하기: 오늘의 나에게

오늘의 나에게
나는 마음이 따뜻하다는 것을 알 수 있었다.
자신감을 회복하고 있으며, 노력하여 친절한 강사가 되기 위해 최선
을 다하겠다.

(D) 대안 찾기

위압적인 몸짓과 큰 목소리가 트라우마인 것을 알고 재 경험 성공과 지지와 격려를 받고 락스로 몸 닦는 것을 멈추고, 학원 강사가 되기 위해 지도자 과정을 밟고 있다.

사후 검사: 나 표현하기

떠오르는 단어: 행복, 기쁨, 즐거움, 외로움, 아름다움, 나 자신, 예쁨, 깨끗함, 슬픔.

학교로 돌아간 후: 전문상담사로부터 출석에 대한 거부감이 없고 공황장애의 느낌이 오면 해결 방법도 스스로 찾아가는 것에 대해 칭찬하는 전화를 받음.

"살고 싶지 않아요"

고등학교 1학년 이린이

이린이는 한 과목 시험을 망쳐도 전체등급이 1.5다.

여유로와 보이고 얼굴도 곱고 예뻐서 친구들에게 인기도 많을 듯한데 학교 부적응으로 온 고등학생이다. 검정고시를 거쳐 의대를 진학하겠다는 확고한 의지로 자퇴서를 써놓고 숙려제 의무로 온 아이다.

정말 다 갖춘 듯했다. 굳이 부족함을 찾는다면 키가 약간 작은 듯한 160cm 정도다. 미국에서 태어나 유년기를 보내는 동안 현모양처 엄마의 무조건적인 사랑을 듬뿍 받았고 유난히 영리하여 아빠의 기대와 신뢰로 행복도 즐겼다. 언어에 뛰어난 재능이 있어 3개 국어에 능통하고 5개 국어가 목표이며, 특히 수학과 과학 과목에 더 흥미를 느끼고 있다고 했다.

수재인 이린이에게 영어 강사를 겸임하는 남자 선생님께 전임을 맡겼다. 의무로 온 학생답지 않게 상담자와 내담자는 라포를 잘 형성하고 상담과 진로 탐색을 하며 만족스럽게 진행하고 있었다. 이린이와 첫 만남이 있던 날이 생생하다. 대안교육을 시작한 1주일 후였다. 이린이를 수식하는 형용사로는 단아하다, 예쁘다, 귀티가 난다, 영리해 보인다 등 수많은 수식어를 붙일 수 있을 만큼 매력이 있었다.

“어머~ 넌 탤런트나 배우를 하면 좋겠어.” 하자 한마디로 잘랐다.

“전 목표가 있습니다.”

“그렇구나.~”

빈틈이 없는 아이였다. 집중력도 뛰어나 계획된 시간 안에 공부할 분량을 다 끝내고 스케줄을 모두 소화한단다. 의무로 왔지만 상담 과정도 즐긴다 하여 기대가 되었다. 독서를 많이 하여 해박한 지식이 있고 자신이 인류에 끼칠 영향을 위해 의사가 되고자 공부하는 노력을 하고 표현력과 전달력도 뛰어났다. 이대로 시간이 가면 거뜬히 의대 졸업 후 아빠 병원을 물려받아 본인의 의지를 펴면 되는 것이었다.

그런 아이가 자살을 기도하고 우울증 약을 복용하고 있으며 자퇴 결심을 확고히 하고 왔다.

1) 이린이의 나 탐색하기

1. 첫날

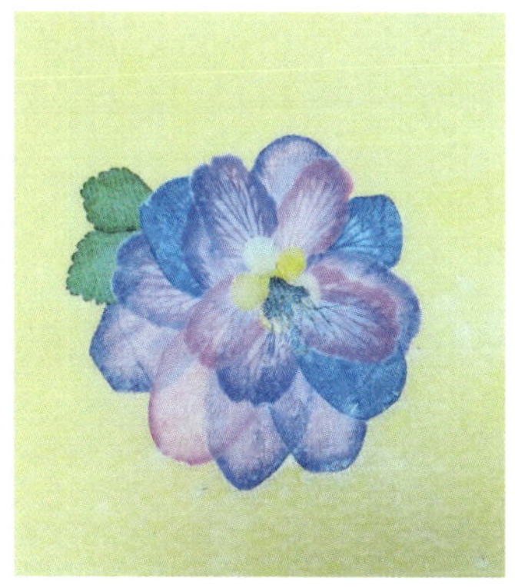

자신의 세계 안에서 나를 철저히 싸고 있다. 자기중심적 성향이 있지만 짙은 불안감도 있다. 내적인 힘의 원천이 있으며 성장하고 싶은 욕구가 있다.

2. 5일 후

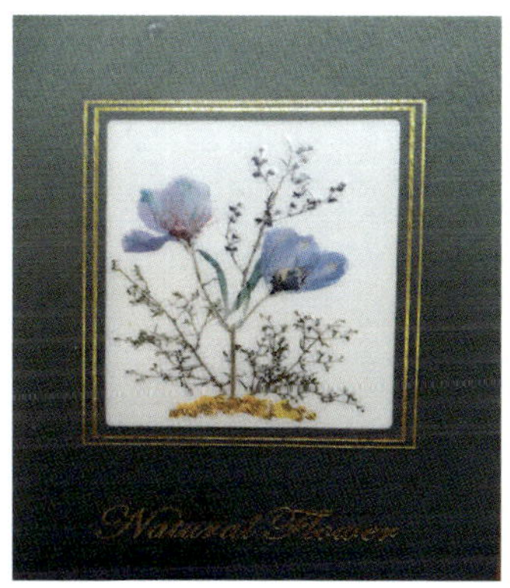

지지기빈이 있으며 주번 환경의 풍요로움 속에 자신이 돋보이지만, 반대되는 가치, 목표, 동기가 대립하는 양가감정이 드러나 있다.

3. 10일 후

정서적으로 안정적 지지기반이 형성되었고 대립되는 양가감정이 분화되었다. 가치 및 진로를 선택함에 열정적이고 활력적인 그것보다 평화롭고 안정적인 선택이 엿보인다.

4. 마지막 날

결코, 분화될 수 없을 것 같은 강한 심성의 에너지가 대립 중이나 통합할 힘이 생기기 시작했고 조화로움을 꾀하고 그에 따른 영향력의 파급효과도 기대하고 있다.

다양한 대, 중, 소의 꽃 중 선택할 꽃이 없었단다. 일반 꽃보다 좀 더 단단하고, 크고, 완벽한 나를 표현하고 싶어 꽃잎을 모아서 한 송이 꽃으로 표현했다. 색상은 전체를 군청색으로 완성함으로써 신비롭고 환상적이다. 그러나 그 속에는 고립감도 있다.

이린이의 작품은 이린이를 보는 듯하다. 자기 확신에 차 있고 명료하며, 직접적이고 내면의 힘이 응축되어 있다. 가슴 속 깊이 있는 욕구를 서서히 드러내며 늘 쓰던 패턴 군청색에서 서서히 밝은 톤으로 옮겨가며 마지막 작품에서는 화려하고 정열적인 다홍색과 대립시키며 진짜 자신과 마주했다. 마지막 작품 '비전 시계'를 만들며 드디어 자기를 드러냈다. 분출되어야만 할 에너지가 무의식을 방어하지 못하고 발현되었다. 현재 드러나 있는 성실하고 자기 규제를 하는 목표와 정반대되는 활력 넘치고 공격적인 에너지와 갈등이 있음이다….

상담 마지막 날 엄마와 함께 왔다.

마지막 작품 '비전 시계'를 들여다보며 무의식이 발현된 것을 본인도 읽고 있었다. 그 마음이 읽혀 물었다.

"이린아, 진정 하고 싶은 것을 하고 있니?!"

이 말끝에 갑자기 울기 시작했다.

엄마는 적잖이 당황했고 난 반가웠다. 그리도 무장하여 철저히 가둬둔 그 무엇이 건드려졌구나! 정말 다행이었다.

모든 것을 갖춘 채 완벽을 놓지 않으려고 얼마나 애썼을지 짐작이 갔다. 자신의 꿈틀거리는 욕구를 누른 채 어릴 적부터 당연시된 의사만을 목표로 철저히 공부만을 생각했다. 즐겁지도, 행복하지도 않고 생활이 무의미한 듯하지만 있는 그대로 받아들였다. 이 영리한 아이가 최선을 다하고 모범적으로 살아도 채워지지 않는 그 무언가가 무엇인지를 몰랐으니 얼마나 자괴감이 들었을까! 그 이유를 알아내지 못하는 스스로에게 심한 자책도 했을 것이다.

무엇 하나에 집착을 하면 바른 판단을 할 수 없다. 너무도 자연스러운 행로 앞에서 마찰은 일어나지도 못했다. 그런 이린이가 어찌 진정 다른 욕구를 알아낼 수 있었겠나!!!

울고 있는 이유를 묻자 들켜서 부끄럽다고 했다.

이 녀석은 이미 알고 있었다. 그 욕구가 삐죽이 올라오면 마주하고 감내할 용기가 없어 스스로 억압하고 회피하여 진정한 욕구를 제대로 볼 수 없었던 것이다.

"이린아, 노래방 가면 마이크 안 놓지?"

마이크 두 개 중 하나는 자기 몫이었다고 했다.

"노래하는 직업 갖고 싶구나."

의사도 되고 싶지만 뮤지컬 배우가 되고 싶다고 했다. 스스로 가두고 있었음을 알아차리며 그 말을 할 수 있음에 본인은 놀라고 있었지만 엄마는 바로 알아들으셨다. 어려서부터 즐거울 때면 뮤지컬 노래를 흥얼거렸고 노래하며 즐거워하는 딸을 보며 "우리 이린이 나중에 뮤지컬 배우 되는 거 아냐?" 농담 반 진담 반으로 말을 한 적이 있었다고 했다.

뮤지컬 배우가 되는 것을 농담으로 치부할 만큼 가치 없는 것으로 인식이 된 터니 그 욕구와 끼를 들킨 것이 스스로 부끄러운 것이었다. 어릴 때부터 뛰어나게 공부를 잘하여 초등학교 4년쯤부터 자연스레 의대로 진로가 결정되었고 주변에 기정사실로 되며 내가 아닌 우리의 목표가 되었었다. 그렇게 진정한 욕구와 끼를 묻어 둔 것도 모른 채 갈등하는 요인과 우울의 원인을 몰라 정신과 치료도 효과가 약했던 것이다.

어머니는 기꺼이 딸이 원하는 것을 반가워하고 지지했고 응원했다. 원하는 것을 하며 행복하기를 바랐다. 엄마는 민감하지 못하여 힘든 시기를 보낸 딸에게 진정 어린 사과와 용서를 빌며 진로를 재탐색하는 시간을 가졌다. '병원은 훗날 결혼 후 의사 남편 또는 적임자에게 맡기고 본인은 뮤지컬 배우를 하며 즐겁게 살아야겠다'로 진로가 명확해지자 우왕좌왕했던 시간을 감사히 받아들였다.

뮤지컬 배우가 되기 위해 한국예술종합대학교를 목표로 바로 연기학원에 등록하였다.

오늘 문득 메시지를 보냈다.
"이린아, 요즘 어떠셔?"

답문이 왔다.

"선생님, 진로를 바꾼 것에 대해서 엄청난 만족감을 느끼고 재밌게 사는 중이에요. 덕분에 전보다 활기 있게 지내요."

여러분은 틀에 가둬두고 사는 것은 없나요?
그리고 자녀들에게 민감하게 반응하시나요!?

현재 이린이는 한국예술종합대학을 수시로 진학하기 위해 고 1로 다시 입학하였다.
오늘의 고1 이린은 작년의 고1 이린이가 아니다.

마음에게...

2부

제1장

역경을 이겨낸 청소년이 직접 쓴 이야기

"모든 것을
포기하고 싶어요"

모든 것을 포기하고 싶었다

19살 고등학교 3학년, 나는 손목을 그었다.

우울증으로 잠을 못 자고 눈을 뜨고 있을 때는 벽에 머리를 박아대며 울던 내가 나를 포기하고 모든 것으로부터 도망쳤다.

초등학교 시절엔 집이 무서웠다. 알코올 의존증 아버지는 초등학생인 나에게 폭력적이셨고 그럴 때마다 난 집에서 도망쳐 엄마가 근무하시는 미술학원으로 갔다. 엄마는 언제나 미안하다며 나보다 더 아파하셨다. 2살 때 소아마비로 걷지 못하시는 아버지는 1급 장애인이시다. 걷고 싶고 달려보고 싶으셨을 것이다. 또 남들과 똑같이 평범한 삶을 누리지 못하시는 아버지는 그 스트레스를 알코올로 푸셨다. 지금 생각해보면 이해 못 할 상황도 아니었다. 3남매를 키우고자 택시 운전을 하시려던 아버지는 장애인 운전 연습장이 없어서 매번 응시해 떨어졌어도 기어코 배워서는 7번 만에 합격하셨던 아버지께서 스트레스 해소법으로 알코올을 선택하셨을 것이다. 철이 들어서야 아버지를 이해했지만, 과거의 나는 그저 술을 드신 아버지를 그저 무서워하기만 했다. 그렇지만 술을 안 드셨을 때의 아버지는 누구보다 따뜻하셨고, 동생을 좋아해 주는 누나들과 항상 나를 지켜주시는 어머니가 계셔서 평범한 초등생활을 보내고 있었다.

초등시절 IQ 148이라는 '영재'라고 적힌 연구소 결과지를 받았다. 가족들은 영재라고 자랑스러워 했지만, 그것은 나를 옭아 매는 속쇄가 되었다. 평범한 일상은 그 종이로 인하여 없어졌다. 영재 결과지를 받기 전날까지가 순수했던 어린 시절 전부였다. 가장 믿고 의지했던 어머니는 지금도 생각만 하면 억에 찰 만큼 큰 부담감을 주셨다.

영어학원에서 늘 만점을 받아 초등 5학년이 중학교 반에서 수업을 듣는 장학생이 되었고, 수학경시대회에 나가 상을 타자 어머니는 아들에게 기대하는 강도가 점점 더 심해졌다. 2차 성징도 오지 않았던 초등생을 눈을 뜬 순간부터 깊은 밤이 지나고 새벽이 올 때까지 공부를 시켰다. 한 문제를 3시간 이상 풀게도 했다. 틀린 숫자만큼 매를 맞기도 했다. 적게 틀려도 보상은 없었고 틀린 문제를 도움 없이 스스로 풀어내기 전에는 잠을 잘 수도 없었다. 울면서 공부했고 어머니의 "너는 반드시 크게 될 사람이야." 이 말을 세뇌딩하며 완벽을 추구했던 어머니 때문에 잠을 일찍 잘 수도 없었다.

우리 집은 거실에 TV 대신 큰 책상과 책꽂이가 빙 둘러 있으며 아침마다 모두 일어나 책을 읽었다. 친구들 모두 핸드폰이 있으니 사달라고 하자 전 과목 100점을 받으면 핸드폰을 사주신다고 하셨다. 행복했다. 당시 내게 전 과목 100점은 어려운 벽이 아니었기에 확신과 기대감으로 시험을 봤으나 40명 있는 교실에서 대성통곡했다. 7개 과목 중 미술 과목의 색 선명도를 나타내는 '채도'를 '체도'라고 써서 한 문제가 틀린 것이다. 교실에서 친구들에게 둘러싸여 위로받으며 집에 안 간다고 떼쓰고 울던 나를 보시던 담임 선생님께서 어머니께 전화를 드렸다. "답을 알고 있었지만, 맞춤법을 틀린 것이기에 사실상 모든 과목 100점을 받은 것이니 약속대로 핸드폰을 사주세요. ○○이는 항상 높은 성적을 받아왔고 원하신다면 점수를 바꿔드리겠습니다" 하셨다. 그 통화를 같이 듣고 있던 나는 울음을 그치고 어머니의 대답에 귀를 기울였다.

"선생님의 말씀은 감사하나, 공은 공이고 사는 사입니다." 하셨고 한 글자를 틀린 것도, 정말 간절한 마음을 몰라주어 억울해 우는 나를 향해 아버지께서도 시끄럽다며 질타하셨다.

마음이 무너졌다. '채'와 '체'라는 글자로 인해 내 청소년기의 삶은 아직도 후회로 남았다.

그날 이후 나는 집을 싫어했고 가족은 원망의 대상이 되었다. 난 가족을 실망하게 하고 싶었고 기대를 떨어트리고 싶어 중학교 1학년 13살에 담배를 피우고 술을 마셨다. 학교에서는 이미 문제아로 낙인이 찍혀있었다. 집에 들어가면 항상 듣는 잔소리와 충고가 싫어 가출해서 학교도 안 나가고 오토바이를 타며, 모텔에 들어가 술을 마시고, 마트에서 절도하다 현장범으로 잡혀 어머니를 경찰서에 불렀을 때에야 같이 집에 들어갔었다. 집에 들어가서도 집으로 친구들을 불러 방에서 술을 마시고 담배를 피웠다. 그 시절의 나는 내가 잘못된 행동을 하고 있다는 걸 알고 있었고 하면 안 된다는 것도 당연히 알았지만 개의치 않았다.

나에 대한 기대도 가득 차 있던 엄마의 기대가 곧 실망으로 변해가는 과정을 보는 게 즐거웠다. 더 나를 옭아 매던 '영재'라는 족쇄는 끊어졌고 그때 그 어리석었던 행동이 자유롭다고 생각했다.

그렇게 한심한 생활을 하던 중학교 3학년 가을의 어느 날, 아버지께서 평소와 다르게 화를 내시지도 않고 소리지르시지도 않으며 차분한 목소리로 나를 집 뒤에 있던 창고로 부르셨다. 또 잔소리할 거라고 생각했던 난 표정을 찡그리며 아버지 옆에 앉았고 아버지께서는 예상과 다르게 담배 한 개비를 꺼내주시고는 대화를 해보자고 하셨다. 아버지께서 담배에 불을 붙이시고 깊게 한 모금을 피시고는 말씀하셨다. "아들아, 지금까지 너의 탈선이 평소에 아빠의 모습을 보고 배웠다고 생각을 한단다. 이제부터라도 아빠는 건강을 챙기고 모범을 보이고 싶은 생각에 술과 담배를 끊을 생각이야. 부탁이니 너도 천천히라도 다시 과거의 아들로 돌아와 주면 안 되겠니?" 나 자신을 바꾸려는 아버지의 말씀은 분노를 가져왔다. 담배를 바닥에 던지고는 소리를 질렀다. "*발! 내가 이렇게 된 게 다 아빠 때문인데 인제 와서 바꾸겠다고? 개 소리하지 마!"

저도 그만하고 싶어요

후회한다. 지독하게 후회한다.

평생을 용서받지 못할 패륜을 저질렀으며, 창고를 나와 집 안으로 들어가 겉옷을 챙겨 입고 집을 나가려 할 때 방 안에 있던 큰 누나가 나와 나의 뺨을 세게 쳤다. 어머니나 아버지가 아닌 누나가 나를 때린 건 처음이었다. 왼쪽 귀에서는 기분 나쁜 이명 소리가 들리고 어안이 벙벙해진 나는 한참을 가만히 서서 누나를 쳐다봤다. "제발 정신 차리고 아빠한테 가서 사과해" 누나는 눈물이 맺혀있었지만 간절하고 떨리는 목소리였다. 원망스러웠다. 아버지께 맞고 엄마께서 주는 지독한 부담으로 힘들어하는 것을 알면서도 정신을 차리라고 하다니…. "누나가 뭘 알아 *발" 앞에 있던 누나를 어깨로 치고 집을 나왔다. 이상했다. 평소에 집을 자주 나오던 나는 친구에게 전화해 친구를 만나러 가거나 PC 방으로 가서 게임을 했을 텐데 그날은 평소와 다르게 아무것도 하고 싶지 않았고 아무런 생각조차 하고 싶지 않았다. 무의식적으로 걷다 보니 아무도 없는 공터까지 걸어왔고, 가만히 앉아 대체 평소와 다른 이 기분이 뭔지 생각해 봤다. 평소와 다르던 아버지의 행동과 울며 나를 때리던 누나의 모습이 눈앞에 번갈아 가며 아른거렸고, 이윽고 나는 내가 오늘 아버지와 누나에게 했던 행동이 '죄책감'으로 다가왔다는 걸 알았다. 집이 원망스러웠고 싫었지만, 사실 마음속 한편으로는 다정하고 따뜻하게 대화를 시도하셨던 아버지께 패륜을 저질렀다는 죄송함과 걱정하고 진심을 표현했던 누나를 무시했다는 죄책감이 느껴져 새벽까지 공터에 앉아 울음을 터트렸다.

결국, 아침이 밝을 때까지 공터에 앉아 밤을 지새웠고 피곤해하며 배가 고팠던 나는 어머니와 아버지께서 출근하시고 누나들이 학교에 간 시간을 틈타 집으로 몰래 들어왔다. 그날의 일을 아직도 또렷하게 기억하고 있다. 아버지의 컴퓨터가 있는 책상 위에는 "미안하다……."라는 메모지가 있었고, 시재 엄마 책상 위에는 청소년 심리상담이 펼쳐진 채 "아들, 아침 차려놨으니 데워서 먹고 이 돈으로 점심 사 먹어. 사랑해, 아들."이라는 메시지와 함께 만 원짜리 지폐 두 장이 놓여 있었다. 나는 죄책감에 가슴이 너무 아팠지만, 눈물을 참으며 덤덤하게 밥을 먹으러 주방으로 갔고 식탁은 내가 가장 좋아하는 반찬들로 가득했다. 그중 가장 좋아하는 버섯 전을 한입 베어 물고는 먹먹함에 더는 음식이 들어가지 않아 방으로 올라왔다. 방에 올라와 옷을 바닥에 던져두고는 침대에 앉아 있던 도중 책상 위에 또 하나의 편지가 눈에 보였다. 누나가 쓴 편지였다. "때려서 미안해." 꾹 참아왔던 눈물이 쏟아져 나왔다. 나를 걱정하고 잡아주고 싶었던 가족들의 마음을 3년이나 피하고 도망쳐오며 그 마음을 믿지 못하고 원망만 해왔다. 한참을 울며 돌이키고 싶다는 말을 수도 없이 되뇌었다. 그러나 철이 없고 용기가 없어 금방 평범한 학생으로 돌아가지 못했다. 그 이후로 가출을 하지는 않았지만, "응", "아니" 등 짧게 말을 끊으며 온전히 가족과 섞이지 못했다.

그날 이후 시작된 변화

다시 화목해지고 싶다는 생각으로 조금씩 변해가던 어느 날 결국 사고가 터졌다. 당장 학교로 오라는 **경찰서 청소년범죄담당 형사님의 전화를 받고 가보니 가출해서 도둑질을 해왔던 편의점에서 꼬리가 잡혔다. 경찰서에 앉아 있으니 멀리서 어머니가 뛰어오시는 게 보였다. 나를 찾으시던 어머니를 나는 차마 부르지도 못하고 고개를 푹 숙이고는 시선을 피했다. 편의점에 피해 보상금을 드리고 집에 오는 길에 어머니께서는 나보다 두 발자국 정도 앞에서 아무런 말도 없이 고개를 숙이고 걷고 계셨고, 나 또한 그 뒤에서 아무 말도 없이 걷고 있었다. 평소보다 왜소해 보이시고 힘이 없어 보이시는 누가 봐도 지쳐있는 뒷모습이었다. 항상 집에 돌아오는 길에 앞으로 그러지 말라며 스파게티를 사주셨던 어머니와 다르게 그날의 뒷모습에서 그동안 겉으로는 내가 겁나지 않게 따뜻하게 대해 주셨지만 속으로는 마음이 찢어지고 눈물을 흘리셨을 어머니의 고통이 느껴졌다.

어머니께서 나를 포기하고 싶어 하시던 날에야 눈물을 흘리며 처음으로 진심 어린 감정을 드러냈다. "엄마, 죄송해요. 제가 너무 죄송해요. 저도 그만하고 싶어요. 죄송해요." 그저 죄송하다는 말만 반복했고 어머니께서는 그런 내 모습을 돌아보시고는 조용히 안아주시며 같이 눈물을 흘리셨다. 몇 년 만에 안기는 어머니의 품은 너무나도 따뜻했고 저주스러웠던 내 한심한 과거를 반성하게 했다. 집에 도착해 방황하며 겪었던 감정들과 죄책감을 말씀드렸다. 슬퍼서가 아닌 잔잔한 미소와 함께 우시며 말씀하셨다.

"잘 버텨줘서 고마워, 아들."

그날 이후로 나는 변해갔다. 학교를 도망치지 않았고 집을 나가 술을 마시지도 않았다. 집에 있는 시간이 늘다 보니 자연스레 가족과 말을 하게 되고 나 같이 웃으며 밥을 먹는 시간도 생겼다. 시간이 지나며 가끔 초등학교 시절보다 더 화목해진 가족의 모습도 보였다. 방황하던 때의 일탈만 고치면 가족이 화목해질 줄 알았지만, 아니었다. 감정을 드러내고 솔직해지지 않는 이상 마음의 문은 그대로 닫혀 여전히 따뜻한 대화를 이어나가지 못했다. 한동안 마음을 닫고 감정을 숨기는 삶을 살았다. 마음의 문을 열게 된 것은 어머니께서 먼저 솔직하게 감정을 드러내 주셨기에 나도 숨겨진 감정을 찾아낼 수 있었다. 이날을 시작으로 어머니를 가장 존경하게 되었고 어머니께서 배우시는 심리상담에 흥미가 생겼다.

고등학교는 유일한 강점인 영어를 발판으로 외국어고등학교에 입학하게 되었다. 학교를 도망치고 수업시간에 잠만 자고 쉬는 시간에 담배 피우던 중학교 환경과 너무나 달라 적응하는 데 쉽지 않았지만, 인간은 적응의 동물이다. 서서히 나는 과거를 딛고 평범한 고등학교 생활로 너무나도 행복했다. 화목한 가정, 재미있는 학교생활, 의지할 수 있는 친구들. 이렇게 행복하고 즐거운 생활이 가끔은 거짓말 같기도 했지만, 교우 관계가 원만했고 학교에서 사고를 치는 학생도 아니었다. 1학년 때는 모범상을 타기도 했다. 친구들에게는 재미있고 착한 친구가 되었고 가족에게는 믿을 수 있는 듬직한 아들이 되고자 더 노력하였다.

그러면서 잠을 충분히 못 자고 밥을 안 먹고 술 담배를 했던 과거의 업보인지 심각한 피부염에 시달리기 시작했다. 온몸에 피부가 벗겨지고 상처가 곪아 피와 고름이 나와 잠을 잘 수가 없었다. 교복을 입고 의자에 앉아 수업을 듣다가도 엉덩이와 허벅지에서 피고름이 나와 바지가 젖어 조퇴했던 적도 많고 잠을 잘 때는 온몸에 거즈를 둘러서 꼭 미라 같았다. 가장 고통스러웠던 건 옷을 벗을 때였다. 탈의할 때 옷이 상처에 들러붙어 떼어내는 순간 상처에 깍쟁이들이 벗겨지고 피부가 조금씩 찢기는 느낌이었다. 샤워할 때는 소리를 지르며 했고 친구들과 함께 목욕탕을 못 가거나 옷을 갈아입지도 못할 때는 병원에 입원해야 했다. 그러면서 지금의 행복이 사라지면 어쩌나 걱정도 되었지만, 이 시기를 극복해내면 다시 행복할 수 있을 거라 생각하며 아픈 몸도 이겨내고자 했다.

나 자신에게 마음을 연다는 것

중학교 시절은 타인에게 마음을 열지 못했고 고등학교 시절에는 나에게 마

음을 열지 못했다. 나라는 존재가 1순위였던 중학교 시절과 다르게 고등학교
는 행복이란 이상을 쫓았다. 가끔 짜증 나고 화를 내고 싶을 때도 최대한 참
으며 애써 웃어넘겨 내 감정을 죽여가기 시작했고 몸 상태가 끔찍하게 아파
도 가능한 주변 사람에게 티를 내지 않고 말 못 하는 고통을 스스로 끌어안고
살아갔다. 하지만 괜찮았다. 나는 행복한 고등학교 생활을 이어가고 있었고
고등학교 3학년이 되었다.

　고3 19살은 지옥이었다. 몸이 약하셨던 아버지의 지병이 악화해서 대부분
병원 중환자실에서 보내셨고 가족이 돌아가며 병원에 다니다 보니 항상 집
에 오면 사람이 있는 시간보다 비어있는 시간이 더 많았고 문득 외로워지는
순간이 많았다. 우리 가족은 아버지의 건강과 서로의 바쁜 일상에 대화가 적
어졌고, 갈수록 예민해졌다. 나도 마찬가지였다. 짜증이 많아졌고 무얼 하든
지 즐겁든가 행복하다는 감정을 찾을 수가 없었다. 고등학교에 와서 버릇처
럼 생긴, 나를 버리고 남을 배려하는 습관에 내 감정은 죽어갔고 이윽고 무신
경해져 마음속 병을 만들고 있었다. 당시는 대화가 없어지고 서로에게 날카
로워진 가족에게 의지할 수 있는 상황이 아니었고 소중한 친구들만이 오직
삶의 원동력이었다. 4명의 친구만 의지하며 생활하던 중 가장 믿고 의지하던
친구가 오해로 인해 나와 크게 싸우고 절교하게 됐다. 그 친구는 후에 자신이
오해했던 것을 알고 진심으로 사과했지만 갈수록 무기력해지고 우울해지며
짜증이 많아져 그 사과를 받지 않고 연락을 끊었다. 그 친구가 사실은 진짜
친구가 아니었다고 생각했고, 나에게는 아직 믿을 수 있는 친구가 3명이나 있

다고 자신을 속이며 위로했다.

마음속에 병이 점점 커져만 가고 있었다. 친구를 잃고 스트레스를 과하게 받았는지 피부염이 재발했고, 처음 피부염을 앓던 때와는 다르게 조금씩 죽여 왔던 감정과 짜증들을 주변에 드러내고 있었다. 그렇게 가족에게 소홀해지고 남은 친구들만을 의지하며 살아가던 중 남은 3명의 친구 중 2명과 함께 소박한 일탈로 맥주 한 잔씩 한 날이 있었다. 그날 나는 살짝 오른 취기에 내 감정들을 속일 수 없었고 결국 친구들에게 정이 떨어질 만한 말과 행동을 해 결국은 함께 있던 2명의 친구마저 실망하게 했다. 또 친구들을 잃었다. 이제 나에게는 남은 친구도 없고 의지할 수 있는 가족도 없었다. 중학교 시절보다 더욱 어두운 현실이 점차 나에게로 다가왔다.

지독한 우울증

나 자신이 원망스러웠다. 왜 그런 행동을 했을까, 왜 조금 더 참고 감정을 죽이지 못했을까. 결국 1학년부터 꾹 참아왔던 모든 감정이 원망으로 뒤바뀌어 나왔으며 그날부터 지독한 우울증에 시달리기 시작했다. 사람을 만날 수 없을 정도로 우울해 학교에서 도망치고 다른 친구에게 연락이 와도 질타하고 욕할 것 같아 피하기 일쑤였다. 아버지 일 때문에 머리가 아프고 신경이 예민해지신 어머니는 방에만 있다고 화를 내셨고 누나들은 아버지의 병원에 들르지도 않는다며 질타했다.

화목한 가정과 친구들을 모두 망쳐났다는 생각에 나 자신을 원망하며 살고 있었다. 눈을 뜨고 있으면 스스로 실망하고 떠나가던 친구들과 나에게 실망해 화를 내시던 어머니와 누나들의 모습이 떠올랐다. 억지로 눈을 감고 잠들려 하면 몸에 있는 상처들이 날 잠들 수 없게 만들었다. 잠자리에 들 수도 없고 밖으로 나갈 수도 없어 좁은 방에 나 자신을 가뒀고, 그 방 안에서 어두운 감정과 자괴감을 키워가고 있었다. 시간이 흘러도 제정신으로 눈을 뜨고 있을 수 없었고, 낮에는 벽에 머리를 박으며 생각들을 피하고 밤이 돼서는 몰래 나와 술을 사 들고 와 술에 취해서야 잠자리에 들 수가 있었다. 이런 상황이 반복되던 중 드디어 이 지옥을 끝낼 수 있는 탈출구를 찾았다. 내게 남아있는 선택지는 자살밖에 없었다.

　살아도 산 것 같지 않고 하루하루를 지옥에 사는 기분인데 죽으면 이 모든 고통이 끝날 거라는 생각이었다. 집에는 아무도 없었고 크게 망설일 게 없었다. 유서를 쓰거나 유언을 남기지도 않았다. 그저 내가 실망하게 한 모든 사람에게 미안하다는 문자를 하나씩 보냈다. 그 후 핸드폰을 끄고 방바닥을 어지럽히던 깨진 소주병을 집어 들었다. 목을 매달기에는 천장은 너무 낮았고 뛰어내리기에는 2층 주택에 살아 불가능한 방법이었다.

　방 침대에 앉아 날카로운 유리 조각을 손목에 갖다 대고 한참을 가만히 있었다. '정말 죽는구나!'라는 생각에 눈물이 하염없이 흘러나왔고 머릿속에는 가족이 생각났다. 하지만 더는 견딜 힘이 나지 않았던 눈을 꾹 감았다.

　그었다기보단 손목을 꾹 찔렀다. 겁이 나서 용기가 안 났는지 목을 긋

지도 않고 손목을 잘라내지도 않고 그저 유리 조각을 손목에 깊게 쑤셔 넣었다. 찌를듯한 고통에 유리 조각을 빼내자 피가 솟아올랐고 이상하게도 손목이 아프기보다는 머릿속이 어지러웠다. 침대 위에 누워 피가 뚝뚝 떨어지는 손목을 침대 밖으로 축 늘어트리고는 담배를 입에 물고 피웠다. 담배를 피우는 동안 머리가 어지럽고 점점 정신이 나가고 있었다. 상상 속에서 죽음이 다가오면 주마등이 스쳐 갈 줄 알았는데 오히려 아무런 생각이 들지 않고 서서히 눈이 감기기 시작했다.

시간이 얼마나 지났는지 모른다. 그저 손목이 아프고 간지러워 눈이 떠졌다. 손목을 보니 상처에 있는 검은 피는 점차 굳어지고 있었고 바닥에는 피가 흥건히 고여 굳어 있었다. "겁쟁이 새끼!" 스스로 욕을 하며 몸을 일으켜 세웠다. 순간적으로 머리가 핑 돌아 다시 침대에 쓰러졌다. 침대에 누운 나는 신기하게도 자괴감으로 고통스러웠던 과거의 기억들은 머릿속에서 사라졌고 앞으로 내가 해야 하는 일이 뭔가를 찾고 있었다. 우선 손목이 너무 아팠고 아직 피가 흐르고 있었다. 스스로 상처를 치료하기에는 덜렁거리는 살을 쳐다볼 용기가 없었다. 책상 의자 위에 걸쳐져 있던 수건으로 손목을 꽁꽁 싸매고는 비틀거리며 팔이 안 보이게 부피가 큰 옷을 찾아 걸쳐 입었다.

집 밖이 무서웠던 몇 시간 전과 다르게 너무나도 자연스럽게 집을 나와 택시를 잡고 병원으로 가달라고 했다. 병원에 도착해 어디로 가야 할지 모르던 나는 응급의료센터로 들어갔고 접수처에 계신 간호사님께 덤덤히 말을 꺼냈다. "저 손을 다쳤는데 어디로 가야 하나요?" 간호사 선생님은 당황하신 얼굴로 본원으로 가서 접수하면 된다고 하셨다. 나는 상황이 급하다고 말하고는 걸친 옷과 수건을 치우고 손목을 보여드렸다. 간호사 선생님은 놀라시며 내 얼굴과 손목을 번갈아 보시고는 응급실에 들어가 잠시 앉아 있으라고 안내해 주시고는 급하게 의사 선생님을 호출했다. 나는 아무런 생각도 나지 않았고 그저 침대에 가만히 앉아 상처를 보고 있었다. 의사 선생님이 오셔서 내 손목을 받쳐 들으시고는 상처를 보며 덤덤하게 물어보셨다. "자흔인가요?" 나는 자흔이 뭔지 몰랐고 유리 조각으로 난 상처라고 말했다. 의사 선생님은 최대한 배려해주시며 상처를 고쳐주셨고 병원을 나오던 중 의사 선생님께서 같이 따라 나오시고는 본원에 자기가 아는 심리상담가가 있는데 소개해 준다고 하셨다. 실수라고 괜찮다고 일버무리고는 병원을 나왔다. 머리가 맑았다. 지금까지 뭘 한 것인지 괜히 어이가 없어 헛웃음도 나왔다. 집에 돌아와 꺼져있던 핸드폰을 다시 켰고 핸드폰에는 미안하다는 문자를 보냈던 사람들에게 문자와 부재중 전화가 찍혀 있었다. 문자를 보는 데는 용기가 필요했다. 무슨 내용인지 확인하면 또다시 무너질 것 같은 생각이었다. 하지만 방금 전까지 죽을 생각으로 손을 그었는데 문자가 뭐라고 확인을 못 할까? 마지막에 온 문자부터 서서히 읽기 시작했다. 대부분의 말이 비슷했다. 분명 사과하기 위해 미안하다는 문자를 보냈는데 오히려 나에게 더 미안하다는 문자들이었다. 자신이 더 미안하고 화해하고 싶다는 내용이었다.

따뜻하고 희망에 찬 감정

　문자를 보자마자 그야말로 어린아이처럼 울음을 터트리고는 한참을 울다 답장도 하지 못 한 채 잠이 들었다. 다음 날 아침에는 어김없이 담임 선생님께 연락이 왔고 용기를 내어 전화를 받았다. 혼날 거라는 생각과는 달리 학교 나오기 너무 힘들면 조금 쉬어도 괜찮다고 최소한의 등교일수만 맞추면 되니 끝까지 힘내고 졸업은 하자는 말씀이셨다. 누구보다 감사한 나의 은사님이셨다. 막상 학교에 가면 장난치시며 학교 좀 나오라고 하셨지만, 사실은 항상 걱정해주시고 아껴주시던 선생님이셨고 끝까지 포기하지 않으셔서 오늘의 내가 있다. 선생님께 조금만 더 집에서 쉬겠다고 말씀을 드렸다. 마음이 여느 때보다 편해졌고 나는 부재중 전화 목록을 훑어봤다. 가족에게 전화가 와있었고 내가 피하던 친구들과 남아있던 마지막 한 친구 A에게도 전화가 와있었다. 유일하게 싸우지 않았던 A도 소문을 듣고 나를 싫어할 거라는 생각에 피했었던 친구였다. 하지만 A에게서는 오늘 시간 나면 저녁을 같이 먹자는 문자가 와있었고 용기를 내어 그 친구와 밥을 먹으러 갔다. A는 한결같았다. 만나자마자 장난을 치고 무슨 밥을 먹을까 같이 고민하고 놀 것을 정했다. 밥을 다 먹고 나서 둘이 캔 커피를 사서는 공원에 앉아 얘기를 나눴다. 그동안 왜 연락도 없이 살며 학교를 안 나오냐고 물었고 난 가족에게도 풀어내지 않았던 오랫동안 묵혀온 이야기를 시작했다. 내 얘기를 모두 듣고서 팔을 보여 달라 했다. 조심스럽게 옷을 걷어 팔에 두른 붕대를 보여주자 한참을 가만히 팔을 보고만 있더니 난데없이 욕을 퍼부었다. 너무 실망했단다. 당연하다. 친구들에게 잘못된 모습을 보여줬고 모든 상황에서 도망만 다녔으니 그럴 수밖에 없다. "왜 힘들 때 연락을 안 했냐?!" 당황스러웠다. 솔직히 너도 날 싫어하고 피할 거로 생각했다고 말했다. 친구가 표정을 찡그리며 나를 끌어안고는 말했다. "내가 너를 싫어할 리가 없잖아" 어디선가 느껴 본 감정이었다. 중학교 때 어머니께 안겨 모든 고통이 끝났다는 따뜻하고 희망에 찬 감정이었다. 무슨 말이라도 하고 싶었지만 우느라 목이 막혀 말도 못 하고 눈물을 흘리며 고맙다고만 말했다.

요리에 뜻이 있던 A는 고등학교 3학년 전문기술을 배울 기회를 얻어 전문학교에서 요리하고 있었고 남은 음식을 가져다줬다. 힘든인 A와 붙어 다니며 우울한 잡념들을 떨쳐낼 수 있었고 긍정적인 마음을 점차 되찾아갔다. 심적인 문제가 어느 정도 완화되며 용기를 내서 학교에 갔고 실수했던 친구들과 만나야 했다. 무시하거나 질타하지 않고 오히려 걱정하고 반가워했다. 직접 마주 보고 사과했고 친구들은 그럴 수도 있는 거라고 오히려 자기가 미안하다고 말해 줬다.

난 무엇을 걱정해왔던 걸까. 오히려 내가 주변 사람을 믿지 못해 나만의 시각으로 세상을 봐왔던 것이 아니었을까? 다 함께 보고 만들어야 하는 행복을 나 스스로 추구하던 이상적인 모습으로만 그려왔던 것이다. 사람은 스스로 자신의 벽을 넘어설 수 있지만, 가끔 자신의 힘으로 넘을 수 없는 벽이 나타나기도 한다. 난 넘을 수 없는 벽을 넘기 위해 혼자 노력하다 좌절하고 무너졌었다. 그런데 그 벽 너머에 있던 내게 행복을 주던 사람들이 그것을 무너트려 줬다. 난 나의 학창시절을 바쳐서 사람들의 소중함을 깨우쳤다. 혼자였으면 아직 사람 구실을 못 했을 아이가 따뜻한 주변 환경으로 인하여 밝게 빛날 수 있게 되었다.

내가 겪었던 과거의 경험이 이제 와서 보면 후회스럽지만 원망스럽지는 않다. 결국 이겨냈고 그 역경의 시간으로 인하여 지금은 쉽게 무너지지 않도록 깊숙한 뿌리를 내렸다. A가 내게 잡고 일어설 수 있는 나무가 되었듯이 나 또한 과거의 내가 겪었던 고통과 비슷한 고통을 겪고 있을 누군가에게 기댈 수 있는 나무가 될 것이다.

"잠을 잘 수가 없어요"

밤이 두려운 이유

　눈을 감아야 하는 시간이 두려웠다. 창밖엔 몇몇 간판을 제외한 불빛들이 전부 소등되었고, 옆방에선 엄마의 불규칙한 코 고는 소리가 들려왔다. 나도 마침 할 일을 마친 데다가 졸음이 밀려왔기 때문에 방의 전등을 끄고 침대에 누워 눈을 감고 싶었다. 하지만 당시 내가 가장 피하고 싶었던 순간은 잠드는 순간이었다. 그 순간은 마치 내겐 꿈이 꿈이었다는 것을 깨닫는 아침, 기어코 한 번 더 시작된 새로운 아침을 인정하는 것과 비슷한 정도의 고통이었다. 적막한 새벽, 나는 침대에 누워있지만, 등과 다리를 최대한 구부려 몸의 크기를 압축시킨 채 불편한 자세를 유지했다. 피곤함이, 혹은 그 괴상한 자세가 두통을 불렀다. 누군가 빳빳한 실을 내 관자놀이부터 뇌를 통과해, 반대편 관자놀이까지 집어넣었다, 뺐다 하는 느낌이었다. 아프지만 얼굴을 찡그릴 힘조차 없었다. 나는 다만 쪼그려 누워 뻑뻑해진 눈알로 핸드폰 액정만을 쳐다봤을 뿐이다. 재미도 없었다. 눈꺼풀도 무거웠다. 이런 상황에선 대개 일어나 불을 끄고 제대로 잠을 잘 준비를 할 텐데, 나에겐 그럴 능력이 없었다. 어린아이처럼 밤이 마냥 무서웠다.

최대한 잠을 유보하기 위해 노력했다. 그러나 전등불을 끄지 않아도 졸음은 결국 찾아오는 법이었다. 그것은 언제나 졸음과 함께 시작됐다. 뒷목이 서서히 굳었다. 이어 몇 번의 의학, 혹은 심리상담에서도 결코 형용하지 못했던 기분 나쁜 전류가 내 온몸을 휘감았다. 종아리부터 허벅지, 사타구니, 골반…. 그렇게 내 몸을 타고 흘러오는 전류는 내 뇌 속을 침투하려는 목적을 가진 것만 같았다. 전류를 떨치기 위해 몸을 뒤틀었다. 다리를 털고 손목을 털고, 고개를 흔들었다. 사실 내가 떨쳐야겠다고 생각해서 자의적으로 내 몸을 움직이기보다는 내 의지와 상관없이 몸이 반사적으로 움직였다. 나는 그렇게 의식이 수면으로 들어갈 때까지 발작했다. 하지만 의식은 수면으로 들어가기 전, 방 안을 한 번 휘돌곤 했다. 방 안 곳곳을 나의 의식이 살핀다. 내 작은 방 안에서 가장 무서울 만한 이미지와 어울리는 장소를 찾는다. 이내 감은 내 두 눈 위로 역시나 형용할 수 없는 괴이한 이미지들이 1초에도 여러 번, 형상을 바꿔가며 나를 놀린다. 소름이 끼친다. 무서워서 눈을 뜨고 싶지만 내 의식은 이미 내가 아닌 것의 손에 쥐어 있었다.

잠을 잤나? 분명 숙면을 한 기억은 없는데, 어느 순간 눈을 뜨면 창밖으로 동이 트고 있다. 그제야 방의 전등을 끄고 피곤한 몸을 이불 안으로 집어넣는다. 새벽 내내 나를 괴롭힌 전류는 본인도 피곤한지 내 뒷목 어딘가에 자리 잡고 웅크리며 얌전히 잠을 자고 있다. 전류가 깨기 전에 나도 재빨리 잠자리에 든다. 이후로도 한두 시간 간격으로 눈을 뜨는 쪽잠을 잤지만 그나마 마음 편한 시간이었다. 배가 고파서 눈을 뜬다. 빠르면 정오, 꽤 잤다 싶으면 오후 두 시를 넘겼다. 내 마음과 다르게 쨍하게 들어오는 햇살에 한숨부터 나온다. 잠시 침대에 앉아 이불 정리도 하지 않고, 뒤숭숭한 꿈들을 되짚어 본다. 하룻밤 사이에 별의별 꿈을 다 꿨다. 악몽이 아니라면 꿈을 꾸는 건 나쁘지 않다. 대부분 악몽이었다는 게 문제지만, 나는 그런 악몽을 꾸고 나서도 정신을 차리면 아직도 현실에 속해있다는 사실에 한층 더 우울해졌다.

친대를 벗어나 땅바닥에 차가운 발을 내디딘다. 침대 앞엔 커다란 전신거울이 있다. 깊게 팬 볼, 퀭하게 내려앉은 눈 밑 그늘을 지나 물기 없는 메마른 눈알과 마주한다. 어쩌다 마주한 내 얼굴을 피하고 싶지만, 거울 속 나는 쉽게 내 눈을 피하지 않는다. 거울 속 그녀의 눈에 혐오감이 서려 있다. 이내 체념하듯 몸을 돌려 방 밖으로 나간다. 몸이 아파 누워계신 아빠가 방문 틈새로 나를 발견하곤 씩 웃어준다. 나는 그 미소에 적잖이 당황하여 빠르게 부엌에서 빵 따위의 배를 채울 만한 음식을 챙겨 다시 방문을 닫는다. 침대에 앉아 음식을 입에 넣지도 못하고 아빠가 지은 미소에 대해 생각해본다. 아빠의 미소는 전혀 행복에서 기인한 것이 아니었다. 그것은 안쓰러움이었다.

거울 속 내가 울고 있다. 반바지를 입어 드러나는 허벅지 위로 날카로운 것으로 긁어 벌겋게 부어오른 상처들이 보인다. 상처들도 울고 있다. 보기 싫어.

네가, 네가, 네가. 아물지 않은 상처들을 손가락 끝으로 꾹꾹 누른다. 상처 위로 떨어진 눈물과 함께 한참을 짓누른다. 눈물이 자꾸 고여 희뿌연 틈으로 감각만을 이용해서 나를 짓누른다. 이러다 눈물이 평생 걷히지 않을 수도 있겠단 생각이 든다.

모난 모습 감추고 '척' 하는 것

　내가 우울함에 잠식되어 가고 있다는 것을 누구에게도 쉽게 알리지 못했다. 나는 당시 갓 성년이 된 푸릇한 대학생이었고, 밝고 통통 튀는 성격으로 주변인에게 쉽게 사랑을 얻곤 했다. 아니 사랑을 얻는 방법을 잘 알고 있었다고 해야겠다. 그것은 나를 최대한 감추고 순진함과 긍정으로 나를 포장하면 되는 간단한 일이었다. 유아 시절, 사랑스러운 성격에 재능을 갖췄던 언니와 싹싹한 남동생 사이에서 내가 부모님의 관심을 받을 수 있는 방법은 나의 모난 모습을 감추고 '척'을 하는 것이었다. 똑 부러진 척, 착한 척, 강한 척, 아무렇지 않은 척. 가끔 그 '척'이 먹히지 않는 날에는 옷장이나 화장실로 들어가 눈물을 쏟아내며 나를 원망하였고, 울음이 그치면 아무 일도 없던 척 웃음을 짓고 거실로 나왔다. 철저하게 보이고 싶지 않은 나를 나에게서 배제했다. 그러니 아무도 돌보지 않았던 감춰진 내가 어느 순간 반항하며 전류의 형태로 나를 괴롭히는 것은 인생의 스토리상 놀라울 일이 아니었으나 남들은 쉽게 이해하지 못할 것이었다.

　내가 활기를 되찾기 위해선, 살기 위해선, 감춰진 나를 받아들이고 나를 사랑해줘야 했지만, 내게는 생판 모르는 남을 사랑하는 것보다 어려운 일이었다. 그래서 그렇게, 나는 우울한 나에 의해 잠식되어 갈 수밖에 없었다.

온종일 종알대던 밝은 아이는 사라진 지 오래, 방에만 박혀 있어 대화가 되지 않는 서먹한 딸에게 어느 날 옆방에 있던 아빠가 문자를 보냈다.

'ㅇㅇ야, 달이 노랗게 떴다.'

답장은 하지 않았지만, 커튼을 걷어 달을 보았다. 달을 올려다본 게 얼마 만인지, 달이 정말 노래서 나는 울컥 눈물을 쏟아냈다. 그 당시, 눈물은 나에겐 아주 일상적이었기에 더 이상 내가 흘리는 눈물엔 어떤 의미도 없다고 생각했지만, 그날의 눈물은 다르게 느껴졌다. 달은 아빠의 사랑이었다. 사랑은 언제나 한자리에 있었나. 내가 너 이상 '적'을 하지 않고도, 예쁜 짓을 하지 않고도 사랑은 여전히 그곳에 있었다.

그날 밤, 나는 아빠한테 달려가 사랑해달라고, 안아달라고 어리광을 부리고 싶은 마음을 억누르며 나를 감싸 안았다. 깡마른 나의 몸이 생각보다 따듯해서 한참을 어루만졌다.

타인보다 소중히 여겨야 할 존재

용기 내어 거실로 나가 엄마, 아빠께 나의 우울과 불면증에 대해 말씀드렸다. 엄마께서는 심리상담을 추천해주셨고, 나는 상담을 통해 나를 바라보기 시작했다. 이제껏 나를 제쳐 두고 타인을 먼저 생각했던 내게, 타인 그 이전에 소중히 여겨야 할 존재는 나 자체임을 여실히 느끼기 시작했다. 나에게 사랑한다고 말하는 일은 여전히 어렵게 느껴졌지만, 상담할수록 나를 사랑해주고 싶다는 생각이 차올랐다. 하지만 언제쯤 내뱉을 수 있을까. 거울 앞에 선 나는 입만 뻐끔거리다가 결국 눈물만 똑똑 흘려보내기 일쑤였다.

그러던 어느 날《사랑의 기술》이라는 책을 펼쳤다. 책에서는 남을 사랑하기 위해선 자기 자신을 먼저 사랑할 줄 아는 마음이 충족돼야 한다고 했다. 나는 나와 관계를 맺는 가까운 지인들을 진심으로 사랑하고 응원한다. 현재까지의 나의 모습에는 분명 거짓이 많았지만, 타인을 존중하고 사랑했던 마음은 아무리 생각해봐도 거짓이 아니었다. 깊은 생각 끝에 눈물이 매달렸다. 나는 나를 너무나도 사랑하고 있었던 것이다. 누구보다 소중한 나 자신이 인정받을 수 있도록 나는 무던히 애써왔던 것이다. 화장실에서 눈물을 닦고 웃는 척하며 나왔던 순간과 어두운 밤 전등불을 끄지 않았던 것, 온몸을 휘감는 전류의 고통을 이겨내기 위해 기를 쓰고 몸을 털어냈던 것, 커튼을 걷고 달을 본 것, 그 모든 것은 누가 뭐래도 사랑, 사랑이었다.

나는 한순간의 통찰로 인해 사랑의 기쁨을 맛봤고, 아이처럼 울면서 나를 끌어안았다. 그러나 그 이후로 마냥 행복에 겨워 살았다면 거짓일 것이다. 이후로도 나는 가끔 찾아오는 우울함에 두 볼이 헐도록 눈물짓기도 했고, 내 행동에 실망하여 나를 자책하기도 했고, 내 이야기를 들어줄 상담 선생님을 찾아다녀야 했다. 그런데도 분명, 나는 점점 우울을 벗어나고 있었다. 나의 우울은 해변으로 다가오는 파도처럼 서서히 그 세기를 자연스레 감소시키며 찾아왔다.

삶을 이어가야 할 이유

그리고 마침내 나는 수면 위로 올라왔다. 더 이상 밤이 두렵지 않고, 전류를 느끼지도 않는다. 전류는 나에게 스며들었고, 이제 나 자신을 부정하지 않는다. 내가 이토록 소중하고 사랑스러운 사람이었다는 것을 진작 알았다면 좋았을까. 그러나 분명한 건 나를 미워했던 나도 결국엔 나였다. 이제 그 모든 순간을 이해하려고 한다. 어떤 순간에서도 나는 나를 지키기 위해 부단히 애쓰며 살아왔으니까.

한때 나의 모습이 미워서 숨어 살기에 조급했다면 이제는 나를 믿기에 도전을 멈추지 않는다. 소심했던 내가 대학교 동아리 회장이 되어 초보 어른들이 살아가고 있는 이야기를 담는 잡지를 창간하였고, 운 좋게 우울증을 앓는 중고등 학생들을 대상으로 강의를 하는 값진 기회도 얻을 수 있었다. 나는 사랑에 관해 이야기했다. 사랑은 벅찬 것이기에 그 자체로 우리는 삶을 이어가야 할 이유가 충분하다고. 그리고 우리는 분명 스스로를 사랑하고 있다고. 당신이 삶을 멈추고 싶었을 때도, 그건 스스로를 어떻게든 지키고 싶은 마음에서 기인한 것이라고. 당신의 사랑을, 의심하지 말아 달라고.

이제 나는 과거와는 다른 형식으로 나를 마주하러 간다. 내가 가장 안아주고 싶었던 그 아이, 사랑을 받고 싶어 눈물로 꼬박 날을 새던 그 아이를 마주하러 간다. 조용히 그 아이의 곁에 앉는다. 그녀에게 가장 든든한 존재가 항상 곁에 있었음을 깨닫는 날이 일른 나가오기를. 그때까시 소금만 더 버텨주기를. 네가 있기에 내가 있어. 언제나 같은 자리에서 너를 노랗게 비출게.

"사는 게
재미없어요"

나는 행복하다

현재 나는 군 복무 중이다. 행복도 하다. 결혼하고 싶은 이쁜 여자 친구도 있다. 나의 과거를 아는 사람이 현재의 나를 보면 못 믿을 만큼 멋지고 만족스러운 삶을 살고 있다.

남들이 부러워하는 대학교를, 내가 졸업을 하고도 믿어지지 않은 서울 예대를 학사 졸업했다.

난 교회나 성당, 절을 다니지는 않지만, 신이 있다는 것을 믿게 됐다.

그렇지 않고서야 고3 어느 날 갑자기 전기 충격을 받은 것처럼, 가슴이 버거울 만치 희망이란 것이 들어올 수가 없기 때문이다.

신은 버텨낸 것도 아닌 살아낸 그것만으로도 감동하셨나?

대학 입학과 함께 적극적인 새로운 삶을 살기로 한 나는 이왕이면 예쁜 여자 친구를 사귀고 싶었다. 예대여서인지 세련되고 마음에 드는 학생들이 많아 연애도 참 많이 했다. 기대한 적이 없어 상처는 모르고 살았는데 여자 친구에게 번번이 차였다. 지금 여자 친구 덕분에 헤어진 이유를 알게 되었나. 엄마 사랑을 받은 적이 없어 여자 친구에게 엄마께 받지 못한 사랑을 갈구만 했지 줄지를 몰랐다. 그럴수록 상처와 우울증은 깊어져 또 한 번의 위기가 왔다. 과거의 암울한 시절로 돌아가고 싶지 않아 자발적으로 정신과에 가서 여자 친구들에게 상처받은 이야기를 하자 의사 선생님은 지금은 연애할 때가 아니라 정서적 안정이 필요하며 자기애가 너무 강함을 인정해야 한다고 하셨나.

그랬다. 나는 타인과의 관계에서 나 자신만을 위한 일방직 행동을 하며 타인의 감정은 존중해주지 않았고, 불안은 점점 커졌으며 마침내 집착했다.

행복하지 않았다

히키코모리 시절과는 180도 다르게 행동하려 노력했지만, 사회성과 배려를 배우고 행한 적이 없어 바뀐 겉모습으로는 연애에 쉽게 성공했지만, 깊고 길게 이어진 적은 한 번도 없었다. 그렇게 혼자만의 긴 시간을 가지며 대학 생활을 하던 중 같은 제작 수업을 듣는 여학생과 친구가 되었다. 타인을 경계하지 않았으며 누구나 편안히 접근하고 받아들이는 그 친구의 순수함에 완전히 만하게 되었나. 그래서 지난날의 연애 실패 원인을 찾아봤다. 과거로 돌아가고 싶지 않았던 나는, 나의 미래를 기다리지 않고 적극적으로 찾아가기로 결심했던 나는, 스스로에게 물었다.

'넌 어떻게 살고 싶니? 진정 원하는 것이 무엇이니?'

솔직함과 순수함이었다. 내가 그리도 찾고 원하던 솔직하고 순수함을 가진 이 친구가 좋은 정도를 넘어 날 정화 시켜주는 것 같았다.

조심스럽게 접근을 시도했다. 왜 그런지는 모르겠지만 이번에는 헤어지지 않을 확신이 들었다. 그렇지만 여학생 친구는 소중한 친구를 잃기 싫다고 거절했다. 이미 나의 연애사를 알고 있었기에 나는 10번 정도 더 고백했고 그녀는 내 마음을 받아주었다.

내 여자 친구를 소개하자면 나와는 너무도 다른 삶을, TV에 나옴 직한 성장기가 있었다. 여자 친구의 엄마는 뱃속에 있는 아가가 너무 좋아서 아기를 계속 뱃속에 넣고 다니고 싶을 만큼 애정이 있어 제왕절개 하는 날이 다가오는 게 싫다고 하셨단다. 태어났을 때는 외가 친가 온 가족의 축복을 받았고, 누워있을 시간이 없을 만큼 사람들에게 안겨 있었다고 했다. 그래서 그렇게 해맑고 순수하고 늘 yes 하며 철도 약간 없는 것이 많은 사람에게 사랑을 받은 듯했다.

엄마는 너무나 사랑스러웠을 아장아장 걷는 나를 두고 떠났다. 엄마보다 아버지가 먼저 떠났단다. 그런 나를 거둔 사람은 할머니도 아닌 이모셨다. 모두에게 버려진 나를 받아주신 이모는 천사셨다. 나 외에 3살 많은 누나와 함께 방을 쓰며 남매처럼 지냈다. 넉넉하지 못하신데도 나를 키워주셔야 해서 간식이 생겨도 나는 스스로 물러서며 입을 다물었고 점점 말이 없는 아이가 되었다. 책이 있으면 책이라도 읽었으련만 집엔 책도 없어 무료함을 그냥 달래야 했고 드라마만 보던 나에게 TV 속 배우들은 동경의 대상이었다.

TV만 보며 말이 없어진 나의 초등생활을 외할머니께서 걱정하셨는지 아버지께 연락해 중학교는 아버지와 살게 되었다. 아버지와 정이 없던 나는 외할머니의 걱정대로 히키코모리가 되어갔다. 무기력으로 아무것도 하지 않은 채 가만히 있자 아버지는 컴퓨터를 사주셨고 게임은 내겐 신세계였다. 지칠 줄 몰랐고 52시간까지 컴퓨터를 한 적도 있다. 게임 외엔 아무것도 하지 않는 나를 미안한 마음에 야단도 못 치신 아버지는 옆에 있으면 그만둘까 가끔 게임 하는 것을 지켜보셨다. 그리고 친밀감을 느끼기 위해 함께 게임도 하셨다. 그러시면서 아버지는 게임 시간을 줄이라고 하는 대신 컴퓨터 한 대를 더 사셔서 게임을 하셨고 우린 즐거웠다. 마침내는 나보다 더 즐기시며 본격적인 게임을 위해 한 대 두 대 사시더니 5대가 되었고 우리 집은 작은 PC 방이 되었다. 우리 집 컴퓨터 방은 게임방보다 성능이 좋아 천국이 따로 없었다. 게임이 전부일 때는 한 방에 있으면서 며칠씩 말을 안 한 적도 있다. 소변보는 것도 귀찮아 물도 잘 먹지 않았다.

식사 때가 되면 아빠와 식탁에서 밥을 먹지 않았다. 우리 둘은 밥과 반찬 만드는 시간도 아까워 밥은 굶기도 했다. 도저히 참을 수 없을 만큼 배가 고프면 대충 밥만 지어 물을 말아서 넘겼다. 쾌감도, 미래에 대한 불안도 없었다.

그때의 나는 제대로 못 먹은 아프리카 기아처럼 뼈만 앙상했다.

영양실조 상태로 있던 어느 날 갑자기 이모 집에서 TV를 보는데 '배우가 되면 사람들의 사랑을 받아 외롭지 않을 텐데…'라는 생각이 문득 들었다. 그때 막연히 나도 유명한 배우가 되어 사랑받는 스타가 되고 싶었던 기억이 불쑥 가슴으로 들어왔다. 그러면서 어릴 적 트라우마로 인해 늘 외롭고 애정 결핍이 심했으며 많은 사람의 사랑을 받고 싶었던 절절함까지 깊이 들어와 가슴을 너무나 아프게 했다. TV에서 가슴을 치고 통곡을 하며 가슴을 뜯는 연기는 아파본 사람은 안다.

배우가 된다면 지금의 우울감이 사라질 것이라는 마음의 울림이 오는 순간 삶의 희망이란 놈이 함께 올라오고 있었다. 맞이할 용기가 필요했다. 용기는 이럴 때 써야지! 난 정말 남아있던 힘을 다해 갈증을 마주했고 깊숙이 묻혀 있던 희망과 할 수 있을 거 같은 자신감과 실천의 힘까지 준비했다.

배우가 되기 위한 조건부터 알아봤다. 다행히 얼굴은 웬만했고 배우가 되려면 연극영화과에 가야 한다는 이야기를 듣고 아버지에게 용감하게 말을 꺼냈다. 아버지는 공부고 운동이고 살면서 아무런 꿈도 노력도 보이지 않았던 나를 보고 한심하다는 눈빛으로 쳐다보셨다.

"배우는 끼가 넘치고 적극적인 애들이 잘할 수 있는 건데, 너처럼 소심하고 끼 없는 애들이 할 수 있는 직업이 아니야"라고 단숨에 자르셨다.

살고 싶은 에너지가 생겼다

그 말을 듣고 있는데 화라는 것이 치밀어 올랐다. 희망이란 건 그렇게 반가운 것이었다. 아무런 욕구가 없던 내게 화라는 감정을 일게 하고 그것을 핵에너지처럼 폭발하게 했다. 삶의 의욕이 없던 내가 18년 만에 처음으로 살고 싶었고, 사랑이라는 것을 받고 싶었고, 나로서 존중을 받고 싶은 절절함이 가슴속 저 밑에서 에너지로 자라고 있었음을 더 묻어두고만 있지 않게 했다. 이 감정을 발견하자 저절로 눈물이 흘러나왔다. 더는 회피하지 않고 "해보자" 스스로 다짐하자 응답으로 울음이 터져 나오며 처음으로 목과 가슴이 미어지게 울었다.

그날 과거의 나와 작별했다.
그리고 절규했다.
"애썼다, 00아, 그리고 고맙다."

그렇게 어제의 나는 없어졌다.

기적이 시작됐다. 게임이 생각나지 않았고 머릿속과 현실에서 길이 그려지고 보였다. 밥을 해 먹고 육체와 마음을 가다듬었다.

마치 연체동물처럼 흐느적거리던 마음과 몸이 흔들리지 않는 꼿꼿한 철심을 박은 것처럼 중심이 세워졌다. 그때의 나는 너무도 낭랑했다. 어떠한 길도 만들어낼 의지는 연락을 끊었던 어머니를 찾게 했다.

엄마를 찾은 나는 담담했으며 정식으로 도움을 청했다.

처음으로 하고 싶은 게 배우이고 열심히 노력해서 관심과 사랑도 받으며 우울증도 치료받고 성공적인 삶을 살고 싶다고 했다. 엄마는 무언가 해보겠다는 내 의지를 반가워하시며 적극적으로 지지하셨다. 미움으로 묻어놓은 엄마였지만 고마웠다. 그동안 아무것도 해주지 못했던 어머니는 연기학원에 등록시켜주었다. 아버지와 마찰이 싫어 몰래 다니게 되었지만 꿈만 같았다. 원하는 것을 배운다는 것은 천국을 사는 듯했다.

하루하루가 만족스러우니 스스로 나를 점검하게 되었다. 성격, 인간관계, 목표 등 정말 많은 것에서 내가 나로 살지 않았음을 알 수 있었다. 마음을 터놓을 친구가 없었고 칭찬받고 싶은 욕구는 일찌감치 묻어두었었고 목표라는 것을 세우고 성취 경험이 없어 자존감은 낮았으며 그렇다고 자존심이 센 것도 아니었다. 그냥 살며 억울함, 화남, 분노 등 부정적 감정을 표현해본 적이 없다. 이모께 도움은 못 드려도 말썽을 피운다든가, 손은 가게 하지 말아야지 했음이 무기력증이 되었었다. 가장 쉬운 것은 조용히 없는 듯 지내는 것이었다. 나의 내면을 탐색해보니 놀랍게도 난 그 어려운 것을 해낸 장한 사람이었다. 이제는 내가 안쓰럽지 않았고 희망이 있으니 기대가 되었다. 누가 시키지도 않았는데 없는 듯 사는 것을 알아내어 그 어려운 것을 실천한 나였다.

그것은 살고 싶은 본능이었나 보다.

비빌 언덕이 없음을 피부로 느꼈나 보다.

나는 그렇게 생존본능이 있는 마음만 먹으면 얼마든지 가능성이 충분한 사람이었다. 에너지까지 비축해놨으니 각오하고 변하는 것을 느끼며 매일 밤 침대에 누워 성공한 미래의 내 모습을 상상했다. 수많은 팬과 환호성, 관심과 박수, 그리고 사랑. 내 심장은 뜨거워지고 터질 것만 같았다.

그렇게 매일 매일 다짐하고, 상상하고, 알 수 없는 울음을 쏟아내며 많은 부정적인 감정 및 기억들도 함께 버렸다.

감정을 어느 정도 해소하고 구체적으로 계획을 세웠다. 살을 찌워 얼굴을 가꾸고 좋은 인상을 만들기 위해 웃는 연습을 했다. 감정을 느끼고 표현하기 위해 소설도 읽기 시작하며 주인공의 감정을 나에게 대입도 해보았다. 정말 신이 나고 가슴이 뛰었으며 실천하고 있는 내게 희열을 느꼈다.

그러니 생각처럼 쉽지는 않았다. 무에서 유를 창조하기 위함이니 각오는 되어있었고 엄마의 지지와 학원생들과 원장님의 격려는 큰 힘이 되었다. 첫해는 원서 넣은 모든 대학에 떨어졌다. 각오한 터라 의지를 더 굳혔다. 배수진을 치고 재수하며 원하는 대학을 위해 삼수를 결심했다. 타협하고 싶지 않았고 꿈에 그리던 서울 예대에 합격하였다.

아직 명확한 목표가 없고 지쳐가고 있는 청소년이 있습니까? 그런 분에게 말할 수 있습니다. 꿈을 가지게 되고 변하기 시작했지만 수많은 상상이 없었으면 분명 포기했을 거 같아요. 남들보다 열심히 할 수 있었던 이유는 지금과 너무나도 다른 상상 속의 제 모습을 보고 그것을 느꼈기 때문입니다. 그러면

행하게 됩니다.

　여러분도 절절히 느껴보십시오.

　우린 압니다. 성장하고 싶고, 모양새 나게 살고 싶고, 나 스스로 떳떳해지고 싶음을. 불가능할 것 같던 저도 해냈습니다. 여러분도 해낼 수 있습니다. 자신을 믿으십시오.

　머지않아 스크린에서 뵙겠습니다. 힘내겠습니다. 힘내십시오.

"네 꿈은
정해져 있어"

04

꿈틀거리는 끼

나는 엄마이 희망임을 안다.

유치원 시절 선생님께서 커서 무엇이 될래? 라는 질문을 통한 명함 만들기에서 나는 "엄마"가 되겠다고 했고, 그 명함을 보고 엄마는 감동하셨다. '엄마'가 꿈이란 건 당신이 잘살고 계신다는 증거라고 생각하셨기에. 그랬다. 진심 어린 고백이었다. 늘 엄마를 자랑스러워했다.

나는 골고루 잘했음도 어렴풋이 알고 있었다.

바이올린을 배우면 바이올린에 재능이 있다고 지노 상사에게 전분가의 길을 권유받았고, 그림을 그리면 사색하는 그림을 그려 감동을 주었고, 글을 쓰면 향기가 폴폴 난다고 찬사를 퍼부으며 엄마는 훈련을 시키셨단다. 독특한 사진을 모아 한 권의 책으로 만들어 놓고 그림에 대한 느낌을 표현하게 하셨다. 재미있었다. 초등 때는 짧게 느낌만 쓰게 하시더니 중1에는 A4 반 장, 중2 때는 A4 한 장씩 쓰게 하셨다. 좀 버거웠다. 또 나무늘보라는 한 줄 시인의 시집을 사서 그 시에 대한 느낌을 극과 그림으로 표현하게 하셨다. 못 말리는 엄마지만 매번 감동을 아끼지 않으시는 모습을 보며 마무리하자 또 자랑거리로 여기셨다. 책을, 나무늘보 책을 10권씩 사다 놓고 사촌 또는 방문하는 학생에게 시키셨다. 엄마는 그렇게 나의 재능을 확인시키셨다. 좋아하는 사람이 해내는 것을 알게 하셨다.

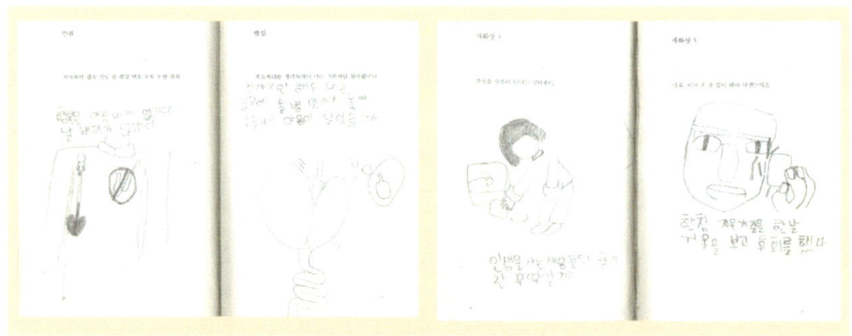

한 줄 시 읽고 느낌 표현하기

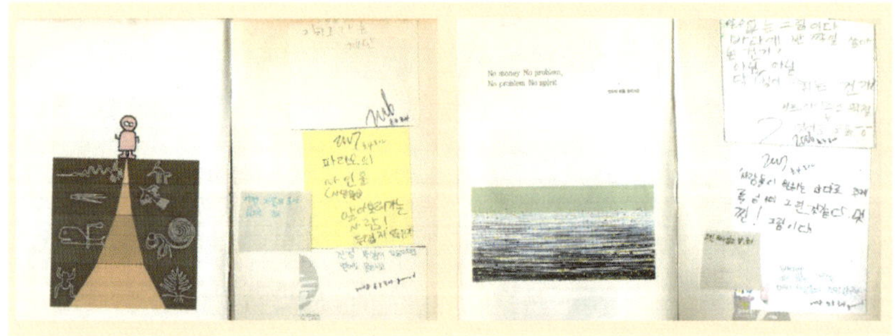

너는 최고의 몸짓을 한다. 손짓·발짓의 동작은 우아하며 반하게 할 만큼 동작 하나하나가 아름답다는 말씀은 그저 평가였다. '그래서'가 없다. 내가 그토록 원하는 '그래서'가 쓰이길 바라지만 내 마음을 알지 못했고 나 또한 못 이어갔다.

나는 끼가 자꾸 꿈틀거리는 것을 느꼈지만 다독다독했다.

아쉽고 때로는 억울도 했지만 참아야 함에 한숨지으며 여러 상황을 고려하며 부모의 뜻을 따라주었다. 3남매 중 공부를 잘하여 혼자 공부하여 상위권에 들고 서울로 대학 가서 무난한 직장 들어가 부모님께 효도해야 한다. 지나치 엄마의 인정은 나 자신을 점점 없애게 했다. 세 아이 중 어린 적부터 가장 점잖았고 품격이 있었고 양보심이 있다는 말씀까지 보태시니 꿈틀거리는 욕구를 절대 집에서 표출하면 안 되었다.

우리 가족은 화목했고 엄마가 영화광이셔서 토요일마다 영화 감상 행사를 진행하였다. 스크린으로 영화를 보기 위해 간식을 준비해 놓고 언니가 사회를 보며 시청 후 토론하는 형식으로 영화에 대한 문화가 형성되어갔다. 행복했고 그 문화는 너무도 편안했다. 온 가족 다 함께 모여 식사했고 아빠의 식사 전 기도와 즐거운 대화는 우리 집의 전통이 되어 갔다. 식탁에서 대화가 많았고 특히 엄마는 내 얘기 듣는 것을 좋아하셔서 끊임없이 그래서, 그래서 하시며 말하는 나보다 더 신나 하셨다.

식사 후 디저트로 사과를 먹으며 언니에게 물으셨다. 언니가 중2, 내가 5학넌 때다. "노사는 소설가가 될 테고 ○○, 넌 뭐 할래?" 엄만 벌써 미대 교수로 정해놓고 계신 것을 알고 있었기에 주춤거리며 대답을 못 했다. "○○, 뭐될 거냐고?" 말을 못 하고 고개만 숙이고 10분쯤 지나자 엄만 큰 소리로 화내며 물으셨고 언니는 들리지도 않게 꿍얼거렸다. 분위기는 긴장으로 감돌았다. "뭐라고?" 버럭 소리치시며 예상치 못한 상황을 답답해하셨다.

엄마는 어릴 적부터 우리의 진로를 결정해 놓으셨다. 나는 글이 제일 맞다하시며 여행 작가와 소설가, 동생은 자연지능이 높다며 과학자 또는 외교관, 언니는 미대 교수를 불변으로 정해놓고 있었으며 엄마는 단지 재확인을 위해 질문한 것이었다. "뮤지컬 배우요" 들릴 듯 말 듯 울면서 말했다. 5학년인 내가 볼 때 보통 용기가 아니었다. 엄마 꿈이 미대 교수였는데 미술학원 강사를 하고 계셔서 보상심리로 언니를 어릴 적부터 철저히 준비시킨 것을 우리는 너무도 잘 알고 있었다. 언니는 중학생이 되며 뮤지컬 배우가 되겠다고 꿈꿨고 엄마는 한마디로 '안 돼' 두 글자로 확고히 하셨다.

언니와 함께 방을 쓰는 나는 눈이 퉁퉁 붓도록 우는 언니를 보며 이해가 되면서 부러웠다. 나도 영화감독이 되어 멋진 영화를 만들어 엄마 아빠께 헌사하고 싶었지만 난 표현할 엄두도 못 내고 있었기 때문이다. 언니와 엄마의 서로 굽히지 않는 과정을 보며 나는 은근히 꿈꿨다. 언니가 미대를 가면, 공부를 잘해서 좋은 대학 영화과 장학생으로 합격한 뒤 부모님을 설득해야겠다고. 그러고 보면 난 참 맹랑하기도 하였다. 좋은 성적도 유지하며 서서히 준비했다.

언니는 고2 말이 되어도 끝내 뜻을 굽히지 않았고 결국은 엄마 지지를 받으며 서울 예대를 가게 되었다. 영화감독이 되고 싶은 꿈은 그렇게 좌절되었다. 가정 형편이 좋지 않은 상황에서 나만 참으면 되는 것이었다.

엄마가 원하는 대로

나도 중2가 되자 확인하셨다. "전 꿈이 없어요" 했다. 언니의 경험으로 엄마와 나는 한 발씩 물러나 있었다. "그래. 지금은 그럴 수 있어!" 하셨지만 각자는 확고한 신념을 유지했다. 수시로 대학을 가기 위해 목표를 세웠다. 반장으로 지도력 점수는 물론 동아리를 창설한 가산점을 받기 위해 영화동아리를 만들었다. 시나리오를 직접 써서 영화도 만들며 예비 영화감독으로서 설레고 기쁨도 커지며 가슴을 아리게 하였다.

그러나 나는 늘 한구석이 허전했다. 교육의 전권이 엄마께 있었다. 엄마는 정말 내가 원하는 것을 모르셨다. 내 동작이 아름답고 위트가 넘쳐 개그맨을 하면 잘할 거라고 하시면서도 연기에 관심이 있는지는 물어도 안 보셨다. 엄마와 맞서지도 포기하지도 못했다. 밥이 안 먹혀 몸무게가 초등생 몸무게가 되고 밥맛 좋아지는 한약을 먹어도 효과가 없었다.

상황이 깊어져 상담을 받으며 타인을 위해 내 감정을 드러내지도 못하고 억제한 것임을 알게 되었다. 검사 결과를 눈으로 확인하고 나도 모르게 눈물이 주르르 흐르더니 비집내는 빙빙 쏟아졌다. 애쓴 내가 안쓰러워 미안했다.

이타심 92%, 이기심 8% 그랬었지, 그랬었다. 지나온 생활이 그랬었다. 내가 늘 참고 견디고 억울함을 느끼지도 못하게 배려심 많은 나로 무장해 왔는데 이젠 몸이 말하는 것이었다. 이 가느댕댕한 손목이, 개미허리가, 비쩍 마른 다리가 안쓰러웠다. 그러나 효녀 딸은 또 참아내며 엄마가 원하는 대학교 학과에 합격 소식을 전했다.

그리고 맞섰다.

엄마께 무릎을 꿇고

"엄마, 엄마가 원하는 대로 합격했어요. 그러나 이젠 제가 원하는 제 삶을 살고 싶어요. 영화과 들어가서 영화감독이 되어 제가 만들고 싶은 영화를 만들고 싶어요." 했다. 대안도 확실했다. 부모님이 원하는 대학에 원서를 넣으며 내가 원하는 대학교에도 넣어봤고 영화과 12명 모집에 예비 2번이 되었으니 준비만 하면 가능하겠다고 말씀드렸다.

여러분 짐작되시나요? 우리 엄마가 어찌하셨을지….

엄마는 알고 계셨다.

우달모지재(愚達謀智才)를 늘 말씀하신다. 재주가 많은 사람보다 지식인이, 그보다는 사람을 다룰 줄 아는 사람이 낫고 더 훌륭한 사람은 많은 경험이 있어 지혜로운 사람이다. 그러나 최고의 사람은 우, 어리석을 만큼 성실한 사람이라고 하셨다.

성실을 넘을 것은 동서고금을 막론하고 없다고 하셨다.

엄마는 나의 성실을 인정하셨고 격려하시며 서울로 학원도 보내주셨고 이 글을 쓰는 지금은 내가 원하는 영화과 4학년으로 예비 영화감독이다.

독자 여러분, 또 부모님과 갈등하는 청소년 여러분, 아시지요? 모든 부모님은 우리가 행복하기를 응원하시는 것을요.

지성이면 감천이고 원하면 반드시 통하고 넘쳐야 보이는 것을 기억하십시오. 부모님이 보일 수 있을 만큼 행하십시오. 여러분의 신배인 지도 응원합니다.

나는 지금도 뿌리를 강하게 내려놓고 있다. 모소 대나무처럼.

2부

제2장

청소년기 갈등을 극복한 어른 이야기

"사랑한다, 한 번도
상처받지 않은 것처럼"

이장호(사업가, 장호 빌딩 대표)

초 · 중학교 시절

나는 칠성면 외사리 삼성이라는 작은 시골 마을에서 태어났다. 그 시절에는 다들 어렵게 살 때지만 나는 아버지 없이 엄마와 단둘이 다른 사람보다 더 어려운 처지에서 어린 시절을 보내야만 했다. 왜냐하면, 내가 2살 때 아버님이 새어머니를 얻어서 아산시 배방읍으로 멀리 살림을 차려 나가셨기 때문에 나는 엄마와 단둘이 시골에서 살아야만 했다.

70년대 우리가 어린 시절 시골 농촌 생활은 품앗이로 농사를 지어야 하는 생활이었다. 여기서 '품앗이'는 시골에서 인력이 없으므로 내가 다른 집에서 일을 해주고 그 집에 일해준 시간만큼 그 집에서 우리 집 일을 해주는 것을 말한다.

41년 전 나는 10살 때였고 어머니는 39살 때인 1970년대에 있었던 몇 가지 일이 지금도 생생히 기억이 난다.

우리 집 논은 하늘에서 비가 와야만 그 빗물을 받아 모내기해야 하는 천수답 400평 논과 고추밭 200평이 우리 집 재산의 전부였다. 그런데 그 논은 시골에 있는 공동묘지 고개를 넘어 2킬로 거리 약 40분을 걸어가야만 하는 먼 곳에 있는 논이었다.

7월경 장마가 올 때 논에 물을 받기 위해서 새벽 4시에 호롱불을 들고 컴컴한 공동묘지 고개를 엄마 손을 꼭 잡고 넘을 때 엄청나게 무서웠었다. 그러나 나는 엄마가 무서워하실까 봐 엄마를 위해서 무섭지 않은 것처럼 표정 관리를 하면서 산을 넘었던 고통의 추억은 내가 지금껏 살아오면서 어려울 때마나 엄청난 용기와 힘이 되어주었다.

그뿐인가? 우리 집은 가난한 동네에서도 가장 가난했었나. 왜냐하면, 시골은 농사를 지어 농산물을 팔아 돈을 써야 하는데 우리 집은 일할 사람도 없지만, 천수답과 작은 고추밭 말고는 다른 농작물을 심을 농지도 없었다. 그래서 가을에 쌀 3가마 정도를 수확하면 그동안 남에게 빌린 돈과 장녀 쌀(미리 쌀을 빌려서 가을에 수확하면 1.5배를 갚아야 하는 것)로 갚고 나면 향후 1년간 식량과 돈이 부족해서 다른 집에서 돈과 쌀을 빌려 살아가는 악순환이 반복되는 삶을 살아만 했었다. 게다가, 식량을 늘리기 위해서 쌀 1킬로를 보리쌀 2킬로로 교환하여 부족한 식량을 채워야 했었다.

또한, 우리 어린 시절 시골 마음에서는 두 번째로 중요한 것이 불을 피울 수 있는 땔감인 나무를 준비해야 하는 일이다. 모든 집이 난방과 음식을 조리하기 위해서는 나무나 풀에 불을 피워서 생활했다. 시골에서는 농사와 불을 피울 나무를 확보해야만 살아갈 수가 있었다. 우리 집은 남자 어른이 안 계셔서 엄마와 내가 겨울철에 산에 가서 나무를 해야만 했다.

지금도 생생하게 기억나는 것은 1km 이상 먼 산에까지 가서 아버지가 있는 다른 친구보다 2배로 큰 나무 짐을 하루에 2번씩 겨울 방학 동안 나무하느라 고생하던 일들이다. 그 지긋지긋하게 고생했던 기억 때문에 고향은 1년에 2번 이상은 가지만 지금도 절대로 남들이 선호하는 시골 전원주택에서는 살고 싶지가 않다. 그리고 내가 태어난 고향은 특산물로 인삼 재배를 많이 하는 곳이다. 중학교 때는 인삼밭에 학비를 벌기 위해서 일하러 다녔다. 인삼밭에 농약을 살포하고 인삼에 그늘을 제공하기 위해 짚으로 이엉을 엮어서 용돈을 벌어 썼다. 어린 시절 인삼밭에서 돈을 벌었던 일 또한 내가 살아오면서 어려움을 극복하는 데 많은 도움이 됐던 것 같다.

그리고 어린 시절 아버님께서 자전거를 사주신 기억이 생각난다.

내가 다닌 칠성중학교는 외사리 마을에서 비포장도로로 5km 떨어진 면 소재지에 있었다. 중학교에 입학하면 다른 친구들은 자전거로 통학했지만, 우리 집은 가난해서 자전거를 살 돈과 버스 차비가 없어 비포장길을 걸어 다녀야만 했었다. 중학교 2학년 여름, 학교에서 집으로 돌아오는 길이었다. 아버지가 할아버지 제사를 위해서 멀리서 우리 집으로 오시는 길에 하곳길 길목에서 기다리시다가 자전거 타고 먼저 도착한 친구들에게 "우리 아들 장호는 어디쯤 오니?"라고 물어보셨는데 "걸어서 뒤에 온다."라는 친구들 대답에 아버지는 내가 올 때까지 한참을 기다리셨다.

다른 친구들은 자전거를 타고 왔기에 일찍 도착했지만 나는 자전거가 없어서 큰 책가방을 옆에 끼고 터덜터덜 걸어오는 모습을 보시고는 버리고 간 자식 모습이 불쌍하셨는지 한없이 눈물을 흘리셨다. 아버님이 우리 집을 떠난 지 며칠 후에 우체국 택배로 삼천리 자전거를 보내주셨던 일이 너무 좋았던 게 기억난다.

나는 그 자전거로 중학교 때까지 통학하였고 청주에 있는 운호고등학교에 입학하면서 군대 갈 때까지 5년간 타고 다녔다. 아버지에게 받은 그 자전거를 입대 전에는 택배비를 절약하기 위해 청주에서 충남 배방역까지 비포장길 52km를 6시간 동안 혼자서 그 자전거를 타고 가서 아버지를 드린 것이 기억난다.

시골에서 초·중학교 시절 아버지가 안 계셔서 농사도 맨 꼴찌로 해야 했고 나무가 부족하여 어려움을 겪을 때마다 우리를 버리고 새엄마와 같이 사는 아빠가 너무도 원망스러웠다. 그래서 아버지가 싫어서 엄마 성씨를 따르겠노라, 이장호를 조장호로 바꾼다고 친구들에게 공헌한 적도 있다. 그래서 아지도 조장호라 부르는 옛친구들이 있다. 그때는 아버지가 있는 친구들이 나보다 나무도 안 하고 일도 별로 안 하는 친구들이 무척 부러웠었다. 그러나 나는 겉으로는 항상 강한 척했다. 왜냐하면, 우리 엄마는 아들이 본인의 유일한 희망이었고 미래였다.

나는 엄마를 실망시키지 않기 위해서 절대로 나쁜 길로 빠질 수가 없었다. 내게 누나 두 명이 있었는데 시골에서 살기 어려워서 아버지와 작은 엄마가 사는 곳으로 어릴 때 가서서 인근 방직공장에 다니셨다.

나는 78년도 2월에 청주에 있는 운호고등학교에 입학하게 되어 청주로 이사를 오게 되었다. 그런데 그동안 살면서 남에게 빌린 돈을 갚고 나와야 했다. 그래서 배방 아버지 집에 살고 있었던 누나들한테 가서 사정을 이야기하니 그때 돈 20만 원을 마련해 주셨다. 누나가 준 돈을 집에 오는 길에 잃어버릴까 봐 보자기에 싸서 허리에 차고 왔던 기억이 아직도 생생하다. 누나가 준 20만 원으로 무사히 빚을 다 청산하고 청주로 이사하게 돼서 너무 좋았다.

고등학교 시절

청주시 소재 운호고등학교에 입학해서 시골 사람의 도시 생활이 시작되니 모든 것이 서툴고 어색했다. 내 성격은 초등학교 때 반장도 하는 활발한 성격이었지만 중학교 사춘기가 되면서부터 아버지 없는 것과 내 이빨이 고르지 않는 약점으로 사람들 앞 발표라든가 대인관계에서 상당히 조용하고 쑥스러워하는 전형적인 내성적인 성격으로 바뀌어 갔다.

고등학교 1학년 때는 도시 생활에 적응하느라 정신 없이 살다가 2학년 때부터 열심히 공부하기 시작했다. 왜냐하면, 국립대학을 가야만 수업료가 저렴했기 때문이다(수업료가 사립대학교의 3분의 1임). 열심히 한 덕택으로 반에서 1등까지 했었다. 그리고 3학년 때도 열심히 해서 60명이 속한 반에서 1, 2등을 다투었다. 그러나 나는 영어 실력이 부족하여 충북대학교 화학과 입학에 만족해야 했다.

대학교 시절

대학에 입학해보니 나에 대한 여러 가지 고민을 하게 되었다. 특히 결혼하기 위해 서른 이성에도 눈을 떠야 했기 때문이다. 그때만 해도 나는 내성적이라 여자 동창들 앞에서 말도 못 하는 아주 순진한 학생이었다. 그런 내 성격이 아주 싫어서 성격을 바꾸기로 하였다. 그래서 여자 친구도 잘 사귀고, 싸움도 잘하고, 술도 잘 먹는 활발한 성격의 친구들과 어울리기 시작했다.

어울리는 동안 나의 생활 방식과 사고방식이 새로 어울리는 활발한 친구들과는 엄청난 차이가 있었다. 그 대표적인 차이로 내성적인 친구들은 상대방 배려 때문에 자기의 소신이나 마음이나 행동을 엄청나게 조심하고 양보하는 반면에, 활발한 친구들은 저질렀고 잘못되면 미안하다고 하면 끝이었고 배려심도 부족해 매사에 직설적이었다. 나는 전자와 같은 마음으로 살아왔기 때문에 처음에는 이해가 가지 않았고 적응하기도 힘들었으나 어울리다 보니 적응되고 아가씨들에게 말노 설 수 있는 사람으로 변해있다.

대학교 1학년 때는 친구들과 놀러 다니며 여행도 많이 다녔다. 서의 학교는 가지도 않았다. 1980년 1학년 때 광주민주화운동으로 우리나라 대학이 휴교 령으로 학교에 가지 못하고 환매조건부채권 터로 1학년을 맞추었었다.

대학 시절 1, 2학년 때 졸면서 하는 채팅(졸지에 미팅)도 많이 해보고 미팅 주선도 많이 해서 용돈도 많이 벌어 썼다. 그때 음악다방 커피값이 1잔에 230 원이었는데 표 한 장에 남자에게 1천 원을 받고 팔면 커피 2잔에 460원을 빼면 표 하나에 540원씩 남아서 30명이면 16,200원이었으니 나에게 큰돈이었다. 그 시절 하루 막일 인건비가 5천 원이었으니 지금 하루 막일 인건비를 12만 원으로 환산하면 현재 가치로 39만 원의 큰돈이었다.

1학년 때는 휴교라 못 가고 2학년 때는 놀러 다니느라 학교생활은 거의 하지 않았다. 그래서 2학년 때는 1, 2학기 학점 평균이 모두 D로서 학사경고 두번을 맞았다. 아, 이래서는 안 되겠다고 생각하고 2학년 마치고 휴학계를 내입대하기로 했다.

학교 다닐 때도 자전거에 참외를 싣고 다니며 장사한 적도 있고, 공사장에 가서 막일 아르바이트도 많이 했었다. 군대 가기 전에는 공사장에서 등짐을 져서 하루에 5,000원씩 40일 해서 20만 원을 모아 어머니 틀니를 해주었던 일도 있었다.

나는 지금도 우리 자녀 3명한테 아르바이트를 시키면서 아빠가 학창시절에 막노동해서 용돈으로 쓴 것이 아니라 할머니 틀니를 해주었다고 몇 번씩 힘주어 말하곤 했다.

군대 가기 전에 누가 봐도 성격이 외향적으로 바뀌는 것처럼 보였다. 비록

1, 2학년 때 공부는 못하였지만 많은 여행에서 얻은 추억과 여자 친구들한테 말을 걸 수 있는 용기도 있었고 삶에 도움이 되는 경험을 할 수 있어서 행복했었다. 그러나 놀면서 느끼는 행복은 미래의 즐거움을 약속하지 못하는 것을 깨닫고, 89년 7월 14일 즐거움을 뒤로 한 채 육군 30사단 말단 부대에 기관총 주특기로 입대하게 되었다.

군 복무 시절

나는 홀로 어머니를 남겨 두고 군대 가는 것이 너무나 마음이 아팠다. 처음으로 엄마와 떨어져 살아야 했기 때문이다. 어머니도 많이 우셨다. 입대해 보니 엄마가 많이 생각났다. 그래서 주 2회 이상 엄마에게 편지를 썼다. 엄마는 산골 마을 태생이라 학교를 가본 적이 없으셔서 글씨를 쓰지도 읽지도 못하시어 자췻집 주인이나 옆집 사람들이 군사 우편을 읽어주셨다. 두 달에 한 번씩은 어머니가 버스를 몇 번이나 갈아타고 부대로 면회를 자주 오셨다. 면회에 오시면 모정을 더 많이 느꼈기 때문에 나 또한 큰아들이 의정부에서 군 생활할 때 9번이나 갔고, 대천에서 군 생활을 한 작은 아들에게는 7번 면회를 갔다. 부모를 만나는 유일한 기쁨이 군대에서 부모와 자식 간의 면회 시간임을 느꼈기 때문이다.

나는 군 복무도 무사히 그리고 재밌게 병장으로 만기 제대했다.

대학 3학년 복학생 시절

84년도 10월 4일, 제대의 기쁨도 잠시 곧바로 그때부터 공부를 시작했다. 이제는 결혼과 졸업 그리고 취업의 관문이 놓여 있었다. 대학교 1, 2학년 때 책 한 권 없던 나로선 공부하기가 쉽지 않았다. 그러나 이를 악물고 충북대학교 도서관 자리를 잡기 위해서 개관 1시간 전인 새벽 4시부터 줄을 서서 자리를 잡고 자취방으로 돌아가 다시 아침밥을 먹고 등교해서 12시까지 무조건 공부가 되든 안 되든 도서관에서 2년간 살았었다. 그래서 3학년 1학기 때 8과목 중 7개 과목은 A 학점, 1과목 B를 맞아 학과에서 1등의 영광을 얻었다. 그 결과 장학금으로 2학기 수업료 및 기성회비 전액인 46만 원을 면제받았다. 그리고 더 큰 성과는 도서관에서 살다시피 하며 지금의 아내를 만난 것이다. 그녀는 나보다 학번은 2년 후배지만 나의 군대 3년 복무 때문에 나는 3학년, 아내는 4학년 졸업 선배였다. 학과도 나보다 좋은 충북대학교 사범대 생물교육과로 임용고시가 없었던 때였으므로 장차 선생님이 보장된 학생이었다.

나에게 결혼에 있어서 가장 큰 약점이 아버지가 바람을 피워 두 집 살림을 한다는 것이었다. 나는 반대하는 장인 장모님을 설득하기 위해서는 좋은 직장에 취업되어야 하므로 더욱 열심히 공부해야만 했다. 그 결과 졸업할 때 환경기사 1급 자격증을 취득하게 되었으며, 87년 2월에 대학교를 졸업하고, 그해 4월에는 (주)현대약품 품질관리부에서 실험하는 직원으로 취업하게 되었다.

1, 2학년 때는 공부를 하지 않아 학사경고 두 번 맞는 최악의 상태였지만 제대 후 복학하여 3, 4학년 때 열심히 공부한 덕분에 1, 2, 3, 4학년 최종 평균

B 학점을 받을 수 있었다. 그 결과 많은 경쟁률을 뚫고 현대약품에 두 명 채용에 합격했다.

현대약품 2년 근무와 결혼

결혼의 필수 조건이었던 취업이 제약회사 취업으로 해결됐으니 그때부터 처가에 결혼 승낙을 받기 위해 열심히 노력했다. 아내는 나보다 먼저 제천 신세계백화점 고등학교 교사로 발령을 받아 복무 중이었다. 취업하기 전에는 처가 부모님께 결혼하겠다고 감히 말도 못 꺼내는 처지였을 뿐만 아니라 처가에서 기대하는 사윗감과는 거리가 아주 멀었다. 학벌도 좋지 못하고 엄마가 둘이라는 약점 때문에 취업도 못 한 상태에서 감히 결혼시켜 달라고 할 여건이 못되었다.

현대약품 취업 후에도 처음에는 반대하셨지만, 적극적으로 노력한 끝에 승낙을 얻어 1년 6개월 뒤인 88년 9월 17일 올림픽 개막식 날 결혼식을 올리게 되었다.

결혼식은 올렸으나 우리는 주말부부였다. 나는 천안에서, 아내는 제천에서 근무해야 했고 주말이 되어야 만나야 하는 처지였다. 그래서 생각한 것이 아내의 충북도에서 충남도로 도 전출이었다. 도 전출의 우선순위는 배우자가 교사, 그다음은 공무원, 그다음은 고등학교 졸업, 그다음이 기타로 우리는 4순위어서 현대약품 직원으로서는 도 전출이 거의 불가능했다. 그래서 생각한 것이 내가 공무원으로 취식하는 것이었다.

아산시 공무원 시절

환경기사 1급 자격증을 가지고 아산시청 환경보호과로 1990년 1월 4일 환경직 공무원 9급으로 입사하게 되었다. 아산시청 공무원인 근거로 아내도 1991년 충북에서 충남도로 전출되어 천안에서 같이 살게 되었다. 시청에 27년간 재직하면서 많은 일이 있었지만 기억남은 일 중 하나는 님비현상으로 15년 동안 7번 실패한 아산시청의 최대 숙원사업인 쓰레기 소각장 설치 사업에 팀장으로 보직을 받아 해당 지역의 주민들을 설득하여 입지를 선정하였을 뿐만 아니라 우리나라에서 제일 멋진 소각장시설로 만든 일이다.

그리고 아산시의 명물이 된 신정호에 대한 맑은 물을 되찾은 업적 등을 인정받아 모범공무원으로 선발되어 도지사와 국무총리상도 받은 바 있다. 아버님의 바람이셨던 5급으로 승진하여 하수도과장 2년간 근무하다가 27년의 공직을 보람되게 마치고 2016년 12월 30일 퇴임하였다.

결혼 생활

결혼해서 우리는 엄마랑 아내랑 나랑 셋이 신혼생활을 시작하여 2남 1녀를 낳았다.

우리 집 아이들은 할머니의 사랑을 많이 받고 자랐다. 사춘기 때는 아버지와 작은 어머님을 원망도 많이 했었다. 그런데 내가 결혼해서 아빠가 되고 나서 보니 세 분 모두 불쌍하게 생각되어 평생 미움의 한을 품고 살아온 엄마의 미운 마음을 적극적으로 설득한 결과 엄마의 원망스런 한이 풀리기 시작했다.

우리 엄마는 내 청이라면 무조건 받아주셨다. 엄마를 설득한 내용은 '작은 엄마는 돈은 많이 벌었지만, 자식이 없어 불쌍하다'였다. 엄마가 "그래. 나는 돈은 없지만, 아들과 딸이 있어서 본인이 더 행복하다"라고 했다. 우리 엄마가 마음이 천사라 작은 엄마는 자식이 없어 불쌍하니 네가 친엄마처럼 대해 주시라는 말씀을 나에게 하시니 아버지, 엄마, 작은 엄마 세 분이 화합을 이루었다.

엄마의 마음이 변한 후에는 마른 체질에 살도 붙으시고 표정도 밝게 바뀌어 가면서 더 많이 웃으셨다. 그리고 모든 식구가 편안한 가정을 이루게 되었다. 그리하여 작은 엄마는 나를 친 자식처럼 의지하셨고 두 분이 열심히 모아 소유한 농지를 나에게 물려 주셨다. 작은어머니 재산을 나에게 주었나는 것은 우리 엄마가 미움을 다 비우고 작은어머니에게 천사 같은 마음으로 잘하셨기 때문이라 생각한다. 본인이 입원했을 때는 아들이 고생한다고 병원에서 못 자게 하는 분이 작은 엄마 입원했을 때는 병원에서 밤새워 간호하라고 했던 엄마다.

현재 생활

작은어머니가 물려주신 땅으로 은행에서 대출을 받아 빌딩을 신축하여 2005년 6월 29일 완공하였나. 45살 때 돈도 없이 빌딩을 신축할 수 있있던 용기는 아마도 어릴 시절 시골에서 소년 가장으로 힘늘게 살았넌 경험 때문에 가능하지 않았나 생각한다.

2019년 6월 1일에는 우리 건물에서 딸이 약국을 개설해 운영 중이고, 2020년 10월 15일은 큰아들이 세무사 사무실을 개업해 운영 중이며, 막내아들은 검찰직 공무원 1차를 합격했다. 나는 큰아들 세무사 일을 도와주며 생활하고 있으며, 아내는 32년간 교직 생활을 2년 전 마치고 즐겁게 생활하고 있다.

아이들이 셋이니 세 명의 새로운 식구가 늘어나겠고 이 삶이 기적처럼 감사하다.

"'그분의 별'이 되어 나를 이끌어준 분들"

윤병훈(천주교 청주교구 원로 사제,
놀체인양업사회적협동조합 이사장)

먼 길을 걸어왔다. 10년씩 일곱 번을 훌쩍 지나고 있다. 건강하고 행복하게 말이다. 지금도 앞으로도 하느님께서 허락하는 한 멋지게 걸어갈 것이다. 하느님께 사제로 부름을 받고 과분하게 천주교 청주교구 소속 신부로 또한 교육자로 행복하게 살아왔다. 사제는 은퇴라는 단어가 없다. 예수님을 믿고 따랐기에 하느님을 만나 하느님의 일을 하고 살아가기 때문이다. 사제는 영원을 산다. 그러기에 사제는 은퇴가 없고 원로 사목자로 살아갈 뿐이다. 이것만으로도 사제는 축복받은 사람이고 행복한 길을 걷는 사람이다. 사제의 삶은 멈추지 않는다. 이렇게 산 것은 어린 시절부터 많은 분이 나를 하느님께로 그분의 별이 되어 이끌어준 덕분이다. 그 동력의 시작은 부모님의 돌보심과 신앙이 있었기 때문이다. 나에게 이보다 더 큰 유산이 없다. 나는 이를 '위대한 유산'이라 믿는다. 나는 예수님을 통하여 하느님의 현존하심을 확인하고 하루를 시작하고 끝을 맺는다. 나는 오늘이 늘 행복하기에 인생 전제도 최고의

목적을 바라보며 살아간다. 나는 행복이란 목적이 있었기에 그를 이루려 목
표가 생겨났고 그 목표대로 성실히 산다. 원고 청탁을 받고 살아온 시간을 돌
아본다. 나는 유소년과 청소년 시절을 지내며, 갈등하고 방황하고 자학했다.
혼자 피는 꽃은 없다고 '그분의 별'이 되어 나를 행복으로 이끌어 준 분들이
계시기에 고맙고 감사하는 마음으로 이 부탁의 글을 시작하려 한다.

먼저 유소년 시절 이야기

유소년 시절의 나는 생과 사의 갈림길에서 힘든 시절을 보냈다. 한국동란
이후 누구나 어려운 시절이었지만 나는 오래도록 질병에 시달렸다. 나만 그
런 것이 아니고 모든 어린이는 가난과 직면하며 독한 병을 앓았다. 내 병은
구체적으로 말하면 결핵 중에 '임파선 결핵'이었다. 그 병은 목 주변의 임파
선이 단추 크기로 커가는 병으로 일주일 간격으로 종기가 생겨나서 일주일
이 멀다 하고 종기가 곪아 터질 무렵, 나의 학교생활은 정지되고 있었다. 아물
때까지 3일을 결석하고 엄마와 함께 집에서 보내야 했다. 이 고통은 중학교 2
학년까지 계속되었다. 6남매 중 나를 제외하고 형제들은 건강했고 공부도 잘
했지만 나는 늘 생과 사의 한계 상황에 놓여 있었다. 나의 상황을 극복한 것
은 훌륭하신 부모님이 계셨기에 가능했고, 신앙 때문에 하느님께 기대는 법
을 일찍부터 배웠다. 내가 건강해질 수 있다면, 그에 걸맞은 목표가 생겨날 텐
데 몸이 건강치 못해 정신까지 피폐해진 상황이었다. 자신감은 사라졌고 소
외감이 커져 열등감으로 자학했고 그로 인해 좌절 상태가 되어 갔다. 나는 사

투를 벌이듯 밤마다 악몽을 꾸었다. 밤이 온다는 것이 두려웠고 트라우마가 쌓여갔다. 저승사자는 나를 잡아가려고 밤마다 찾아왔고 나와 한판 승부가 벌어졌다. 그들에게 잡히기라도 하면 여지없이 저승길로 갔겠지만, 나는 용케도 그들 손에 잡히지 않고 어린 시절을 통과했다. 나는 죽음을 일찍이 체험했기에 저승이 있다는 것을 알게 되었다. 사람이 죽음을 두려워하는 이유는 심판 때 심판주께서 우리의 '각자 행실을 보고 갚아주신다'라는 말씀이 있기 때문일 것이다. 건강한 신체에 건강한 정신이 깃든다고 하지만 건강이 피폐해질 때 육신의 문제가 생겨난다는 것도 온몸으로 체험했다. 한국동란 직후 미신이 성했던 이유도 정신세계의 죽음이 더 심각했기 때문이다. 사람들은 미신에 기대며 정신세계를 건강하게 만드는 수단으로 여겼기 때문이다. 무당의 푸닥거리는 끊이질 않았고 미신행위로 조용할 날이 없었다. 죽어가는 사람이 생명을 보존하려는 안간힘으로 보였다. 내가 사는 동네는 오 씨 문중 마을이었고 우리 집만 성씨가 달랐다. 그래서인지 우리 부모님은 뭐든지 달라 보였다. 교육자라 그러셨겠지, 무속신앙과는 거리가 멀었다. 어린 우리가 보기에도 부모님은 여러 사람 가는 길에서 비켜나 있었다. 부모님은 무속신앙의 미신적 행위와 허례허식을 거부했다. 마을 주민은 우리를 손가락질하며 빈정거렸다. 그럴수록 부모님은 하느님께 대한 신심이 날로 두터워져 갔다. 우리가 사는 집의 관할 성당까지는 거리는 꽤 멀었다. 주일이면 왕복 24km를 온 가족이 소풍 가듯 출동하며 걸었다. 논두렁길이 직선 길이 되어 쉼 없이 걸었다. 어린 시절 만난 성당은 학교에서 만나지 못한 친구들의 천국이었고 자연스럽게 인간관계의 폭을 넓혔다. 나는 그렇게 지내며 건강을 회복했고 정신까지 똑바로 자라났다. 어머니는 가족에게 신앙을 접목시켰다. 내가 사제가 된 이유이기도 하다.

아버지는 해방 전에 일본에서 의학 공부를 하셨다. 한국동란으로 아버지의 의학 공부는 멈춰 섰지만 의학서적을 일본에서 주문하여 독학하셨다. 아버지는 가정에서 의사였고 나에게는 고마우신 주치의였다. 가족 중에 질병이 발생할 때면 아버지는 약을 손수 조제하실 정도로 수준급이셨다. 결핵을 앓고 있는 나에게 결핵약 '하이파스'를 한 숟갈씩 퍼 먹여주었고, 주사를 놓아주었다. 나는 엉덩이에 주사기를 달고 살았다. 주치의 아버지 치료 덕분에 나는 죽음에서 해방되었고 저승사자는 나에게서 영원히 떠나갔다. 아버지 어머니는 중등학교와 초등학교에서 교사로 일하셨다. 그때는 선생님의 그림자도 밟지 않는 시대였다. 성가정으로 이루며 행복하게 살아가고 있었다.

두 번째, 나의 청소년 시절 이야기

병으로 인한 수업결손으로 교육 과정 진도를 따라가기가 힘들었다. 나에게 교단이란 무대는 공포였다. 선생님들이 나를 자주 무대에 세웠다. 교단에 매달려 칠판에 문제를 풀어 보라는 선생님의 주문은 매일 나를 성가시게 했다. 내가 선생님 아들이라는 것과 내 이름 석 자를 선생님들이 기억하고 있었다. 학교만 가면 선생님들이 나를 지목해 문제풀이를 시켰다. 나는 그것이 싫었다. 선생님이 나를 골탕 먹이는 것이 싫었고 교단에 올라와서는 문제를 풀지 못하는 내가 싫었다. 그로 인해 새로운 병이 생겨났다. 누가 질문하면 나는 한 마디로 '몰라요'라고 일축해버리는 버릇이 생겨났다. 이는 나를 아무것도 못 하게 만들어 버렸다. 이를 어쩐담, 수업결손으로 생겨난 무대 공포, 나는 나 자신을 잘 안다. 어린 시절의 소극적, 소심한 나의 태도는 내가 넘어야 할 큰 과제가 되었다. 나는 이 문제를 풀어야 했고, 바람의 고개를 어떤 모양으로든 지 자신을 가지고 넘어야 했다. 이를 청소년기에 극복하게 한 것은 아버지의 배려 덕분이다. 아버지는 건강한 모든 형제에게 엄격했지만 나에게만은 가능 성을 두고 자상하게 배려하며 기다려주셨다. 아버지는 나의 부족함을 비난하 지 않고 문제를 풀어주려 노력해 주셨던 것 같다. 아버지는 나의 수준을 이해 해 주시고 사랑으로 보살펴 주셨다. 아버지는 나를 공감하며 기다려주신 것 이다. 아버지는 나에 대해 형제들과 달리 선택과 결정권을 스스로 하도록 맡 기셨다. '너에게 맡긴다', "네가 하고 싶은 것이 있으면 뭐든지 스스로 해 보 아라." 나는 아버지의 사랑으로 나름 미래에 대한 꿈을 꾸기 시작했다. 나는 자유롭고 행복한 삶을 살고 싶었다. 청소년 시절 먼 거리를 걸으며 광활한 벌 판을 기억했던 것 같다. 부농의 농부를 떠올리며 트랙터를 운전하고 콤바인 으로 농작물을 수확하며 푸른 벌판에서 저택을 짓고 사는 농부로서의 행복한 꿈을 꾸었다. 너른 자연과 숲을 다정한 친구로 삼아 행복하리라. 아마도 내가 청년 시절을 지금처럼 세계 각국을 여행하고 즐기듯 그 당시 다양한 세상 보 기를 하며 뉴질랜드나 핀란드나 캐나다를 일찍 만났더라면 나는 지금 저 푸 른 초원 위에 그림 같은 집을 짓고 사랑하는 님과 함께 큰 농부가 되어 멋지게 살아갈 텐데 하는 생각을 자주 하곤 한다. 그 꿈을 실현하기 위해 내가 선택하고 결정한 대학에서의 전공은 농대였다. 나는 충남대에서 농학을 전공하며 생명 가꾸기를 익혀갔다. 그때쯤 나는 건강하니 배짱도 생겨나고 꿈을 현실로 밀어붙일 힘을 가질 만큼 건강인이 되어있었다.

세 번째, 나의 청년 시절 이야기

내가 건강에 자신감을 가졌던 첫 번째 계기가 있다. 군 입대를 앞두고 있었다. 군인으로서의 선택은 내 인생의 주체로 살 만큼 자기 주도성을 갖게 하는 첫 번째 일이 되었다. 적극적인 삶의 태도로 바꾸기 위해 장교로서의 군 생활 선택의 시간이 다가왔다. 68년 대학 1학년 시절, 체중 60킬로, 신장 180센티, 멀거니 아직도 바짝 마른 체구가 영 볼품이 없을 때였다. 가뜩이나 결핵을 앓았기에 장교가 순간의 꿈이려니 생각했었다. 나는 그 체력으로 아버지께 장교가 되고 싶다고 했다. 아버지는 모두 네가 선택하고 결정하라 일렀으니 네 바람대로 해 보라며 격려하셨다. 청년 시절, 가장 기억에 남는 기쁜 일은 장교신체검사에서 합격한 일이다. 그때 나는 얼마나 기뻤는지 처음으로 건강에 자신감을 갖게 되었다. 대한민국이 인정한 국제신사인 장교 신체검사에 내가 당당히 합격했기 때문이다. 나는 고품격 건강을 갖게 된 셈이다. 자신감이 생겨났고 성취감이 일었다. 무대 공포는 점차 사라졌다. 나의 장교 시절은 짧았지만 화려했다. 1년은 최전방부대의 군단 포병 관측장교로, 1년은 대통령 근위대가 되어 수경사 경비대 소속 요원으로 뽑혀 청와대 경내 소대장으로 특별나게 지냈다. 그리고 전역했다. 돌아보니 하느님의 섭리였다. 어린 시절 열등감과 소심함, 부족한 인간관계, 소극적 태도에서의 파격인 셈이다. 이 모두는 신앙 덕분에 부모님 덕분에 그리고 나를 이끌어준 많은 분의 도움이 있어 가능했다. 아버지의 배려와 기다림, 어머니의 신심 깊은 기도와 믿음의 전수, 이 결실은 하느님께서 이루어주신 축복이고 선물이다. 나는 당당히 무대 위에 서게 된 것이다. 이는 내 믿음 안에서 기른 자기 주도성이 만든 건강한 인성이었다. 풍부한 지식과 자격도 있어야 하지만 중요한 것은 눈에 보이지 않는 품성을 이루는 인성이다. 이 인성이 나의 존재 안에 확실하게 드러나는 계기가 될 때 인간은 제대로 인간 구실을 하며 올바로 서게 됨을 알게 한다. 가난했지만 교육만큼은 자녀에게 베풀어 주신 훌륭한 부모님, 어린 시절 농촌에서 살며 가꿔온 농부의 꿈. 농학을 선공하며 식물 새배를 통한 생명 가꾸기에서 풍요함을 배웠고, 동물을 사육하면서 움직이는 생명을 배웠다. 부모님에게 넘겨받은 신앙은 위대한 유산으로 나에게 값진 가치들을 품게 해주었다. 나의 자유로운 선택과 결정의 폭을 넓히며 인생의 왕성한 시대를 거치면서 나를 이타실존의 사람으로 성장시키고 성숙시켜준 분들이 고맙다. 그 덕분에 사제가 되어 인간교육 생명 살리기를 하고 살았으니 행복하지 않으리오.

네 번째, 나의 사제생활 이야기

나는 어린 시절부터 청년까지 제베니 시요을 하며 동식물의 생명 가꾸기를 경험했다. 농식물의 생명 가꾸기는 인간교육이라는 깊이가 생겨났고, 이는 내가 일찍이 교사였지만 사제로 옮겨와 행복을 살기로 결심한 배경이다. 나는 늘 푸른 청춘을 살며 혼인하려 했지만 마음 안에서 삶에 대한 방향전환이 일어나고 있었다. 당시 나는 중등에서 농업을 가르치는 교사로 4년 차였다. 나는 한 가정의 아내의 남편으로, 자녀들의 아버지로, 행복한 가정을 이루며 사는 사회인을 나 스스로 포기했다. 또 선택과 결정이 따라야 했다. 생명 가꾸기인 최고의 자리인 교육으로 삶의 자리를 옮기기로 했다. 사제가 되기 위한 꿈이었다. 어느새 신학교로 편입해 있었다. 새로운 꿈, 사제의 삶이 시작된 것이다. "누구든지 내 뒤를 따라오려면, 자신을 버리고 제 십자가를 지고 나를 따라야 한다."(마태 16, 24) 내 제자가 되려면 자신을 버리고 나에게 맡겨진 소명, 내 십자가를 지고 주님을 따르기로 마음을 굳혔다. 행복한 사제가 되기로, 이 길이 내가 생명이 되는 길임을 보물처럼 발견하고는 모든 것을 버렸다. 예수님을 따르기로 했다. 내가 부르심에 응답하고 살아갈 때 나에게 주어진 십자가가 무엇인가를 생각하며 사제의 길을 걸었다. 분명한 것은 그 어려움 뒤에는 기쁨이란 생명의 꽃이 피어나리라는 확신과 기대가 있었다. 나는 그 꿈을 실천으로 옮겨갔고 그 안에서 나는 '구원'이란 단어를 살기로 했다. 나는 나 자신에 대한 직접적이고 본질적 구원과 또 다른 협력자로서의 구원을 생각했다. 나는 사제로 살며 본당에서 지내면서 교사로서의 일을 떠올렸다. 내가 유·청소년 청년기를 지내며 관심을 가졌던 것은 내가 부적응과 갈등을 겪으면서 학생들의 구원문제를 살펴 본 것이다. 내가 교육경력이 쌓이고 관리자로 일할 나이가 되었을 때, 그때가 1995년 중반이었다. 학교 밖 아이들로 사회가 시끄러웠다. 나는 학교 밖 학생들에게 관심을 두기 시작했다. 내가 육체적·정신적으로 병약해 어려웠을 때 나를 공감해 주었던 아버지처럼, 신앙에서 만난 예수님처럼 나는 병약한 그들을 품어 생명을 살려내야 한다는 생각을 실천에 옮기게 되었다. 그들을 내가 병약했던 심경으로 공감하고 있었다. 아버지가 나를 한없이 기다려주고 함께하고 배려해주셨던 그 마음으로 돌보아 주어야 한다는 생각을 했었다. 나는 그들의 아버지가 되어주기로 결심했다. 그때 나는 그들을 위한 학교를 설립하고 그들과 살자고 마음을 가졌다. 맨땅에 헤딩하듯 무에서 유를 만들어 갔다. 그 학교가 청주 옥산면에 위치한 '대안 교육 양업고등학교'다. 나는 학교를 지으며 학생들의 건물을 지으며 기숙사, 교실, 식당, 그들이 가는 곳곳마다 그들과 함께하며 과정을 지켜보며 16년을 살았다. 그 시간은 은총의 시간이 있고 축복의 시간이 있다. 고통은 기쁨으로 그리고 행복한 교직정년을 맞이하고 학교를 떠났다. 교육경력이 35년 되던 해였다. 학교에서 지내는 동안 학교 밖 학생들 때문에 나는 하느님을 만나 뵈었고 예수님의 신원을 더욱 확실하게 알아갔다. 나에게 매일의 십자가를 던져주었던 그들 때문에 나는 그분의 별로 인도되어 성숙한 사제가 되었고 또한 교육자가 되어있다. 나는 예수님의 부활을 이야기할 때, 내가 교육현장에서 경험한 고통의 모든 것이 그 결과로 교육의 부활을 얻었다고 말하고 있다. 엄동을 견디어 낸 나무가 꽃눈을 만들며 봄이 되면 아름다운 꽃을 피워내듯, 나 또한 교육현장에서 혹한의 엄동을 경험했고 이를 견디어 냈으니 나도 그들도 피어난 꽃들처럼 아름답게 빛나고 있다. 나는 그들을 처음에는 비난하다가 그들의 대변자 역할을 하고 있다. 그들은 미성숙하기에 문제를 일으켰고 그 문제를 풀기 위해 몸부림친 것뿐인데 어른들은 그들을 문제아라고 불렀다. 나는 욕심 많고 소심한 부모들과 학교 선생님들을 교육하기 시작했다. 앙들은 당신들의 정형화된 사고방식 때문에 박스 속에 갇혀 있다 몸부림으로 튕겨 나온 희생자들이라고, 그들의 끝없는 저항은 세상을 적극적으로 살려는 몸부림이었음을 알게 해주었다. 그들 모두 오늘날 사회 속 훌륭한 인재들이 되어있다. 기다려주고 함께하며 그들 수준에서 해결하며 그들 스스로 선택과 결정을 할 수 있도록 힘을 길러 주었다. 그들과 나는 스승과 제자 사이라기보다 다정한 친구로 오늘을 만나고 있다. 서로 만날 때마다 우리의 만남은 '재수 좋은 만남'이라고 말하곤 한다. 나는 사제의 삶을 투쟁적으로 투신하고 몰입하며 역동적인 삶을 살았다. 그 덕분에 하느님 나라에서 받아야 할 상을 미리 받았다. 대통령 표창, 포스코청암교육상, 부상으로 2억 원을 받아 학교 운동장을 마련해 내어놓았다. 또한 충청북도 단재교육상을 받았으니 교육자로서의 큰상은 다 받은 셈이다. 정부는 나에게 옥조근정훈장을 수여했다. 이 상은 내가 받을 상이 아니고 은인이 되어 준 제자들이 받을 상이고 함께 동반자로 잠을 설치며 함께했던 선생님들이 받을 상이다. 그분들은 나의 은인들이며 감사를 드린다.

다섯 번째, 원로 사제로 살아가는 이야기

　교사로서의 삶 35년, 학교 설립과 학교장으로의 삶 16년, 천주교 청주교구 사제로 38년을 살았고 또 지금은 원로 사제로 '놀체인 양업' 사회적 협동조합을 설립하여 지내고 있다. 행복한 인간을 살게 하려는 목적으로 자발적이고 주도적인 이 사회적 가치를 실현하려 시작했다. 사회의 공감대가 커가며 청주시 상당구 이정골로 67에서 둥지를 다시 틀었다. 오늘도 80명의 어린이, 청소년들과 함께 재미있게 지내고 있다. 우리의 미션은 어떻게 하면 아이들을 행복하게 키워낼 수 있을까? 경쟁교육, 지식만으로의 교육, 엘리트 양성을 위한 교육, 이를 위해 교육은 교실과 학원을 밀폐된 장소로 고정시켰다. 나는 이를 안타깝게 여기고 있다. 학교 현수막엔 '다니고 싶고, 머물고 싶고, 행복한 학교'라는 글귀가 펄럭인다. 우리나라 상황에서 학교는 교육의 본질을 상실한 지 오래다. 그 역할을 수행하지만 속은 그렇지 않다. 학생들은 스트레스, 불면증, 은둔자, 학교 밖 아이들, 자살 충동을 하루에도 몇 번씩 떠올리며 살아간다. 선생님들과 학부모도 따라서 심하게 지쳐있다. 교육현장에서 이기주의와 개인주의의 사람을 끊임없이 양산한다면 이는 틀린 말이 아니다. 나는 학생들이 삶의 주체가 되도록 자발성과 자기 주도성을 갖도록 일조하며 지낸다. 사회는 이를 사회적 가치로 공감하며 후원하고 있으며, 미래 교육의 대안으로 인정받으며 그 규모가 확장되고 있다. 우리는 어린 시절 여러 이유로 상처받고 육체적으로나 정신적으로 어려움을 지니고 성장한다. 나는 이를 극복한 행복한 사람이다. 훌륭한 부모님이 계셨고, 신앙이 있고, 그 바탕 위에 건강하고 행복하게 살아가고 있다. 신앙의 터전이라는 그 위대한 유산 위에 내가 서 있다. 그래서 또 새로운 일터를 마련하고 그들을 위해 기도하며 살아간다. 모두가 행복하게 살기를 바라며…….

최양재(법무부청주청소년꿈키움센터 상담교사)

삶의 부끄러운 흔적

화려하지도 못하고 내세울 것 히니 없는 지난 시간을 소환하여, 옷을 벗는 기분으로 세월의 흔적이 배어 있는, 상처를 보여주는 일은, 그리 유쾌한 것은 아닐 것이다. 그 흔적 중에는, 스스로 치유하여 생살이 야무지게 돋아나, 나름 볼 만한 것도 있지만, 아직도 치유되지 못하고, 습지의 우울 속에 갇혀, 부끄러운 모습으로 남아있는 것도 있다.

길 29

원죄(原罪)

니는
세싱을

바로 걷고 싶다

그래서

곧은 길 찾아

걸어보지만

돌아보면

언제나

절름발이인

나를

발견한다

-중략-

"혼자 피는 꽃은 없다." 하였으니, 용기 내어, 길섶의 이름 모를 꽃으로 피어난 것들과 피지 못하고 상처로 남을 것들을, 있는 그대로 기술해 보려 한다.

나는 충청북도 진천 작은 시골 마을에서 태어나, 중학교를 졸업하기까지 군 단위를 벗어나 큰 세상을 경험해 보지 못하고, 집과 학교를 오가며 유소년기를 지냈다. 넉넉하지 못한 가정 형편에 고생하시는 부모님을 생각하여, 상급학교 진학은 교장 선생님의 추천을 받아, 서울에 있는 특수목적고등학교인 C고등학교로 진학하게 되었다. 정보의 홍수 속에서 풍요를 누리고 사는 지금과 달리, 그 당시에는 담임 선생님이 유일하게 넓은 세상을 엿볼 수 있는 통로였기에 선택의 폭은 작을 수밖에 없었다.

자그마한 시골 한 귀퉁이에서 살던 내게, 서울은 너무도 큰 세상이었다. 문화적인 충격도 많았고, 보는 것마다 경이로움의 연속이었다. 그중에서 내게 가장 만족감을 주었던 것은, 학교도서관에 있는 수많은 책이었다. 교과서 외엔 변변한 책을 구경하지 못했던 내게, 도서관은 최고의 놀이터가 되어주었다. 2학년 때까지 스펀지가 물을 빨아들이는 것처럼, 정신없이 잡히는 대로 책 속에 빠져 살았다. 아마도 평생 읽은 책보다, 2년 동안 읽은 책이 더 많을 것으로 추산된다. 특히 종교나 철학에 관한 무거운 책들은, 내가 감당하지 못할 곳까지 나를 데려가, 존재에 대한 본질적인 고민을 하게 만들었다. 기억에 남는 책 중에는 쇼펜하우어·니체 우파니샤드 철학 등 내가 이해하기에는 역부족인 책들을, 호기심에 읽었던 것들도 있다. 나는 더 나아가, 다른 학교 친구들과 어울리며, 동국대학교, 한국불교연구원 행사를 찾아다니며 강연을 듣거나, 열띤 토론에도 참여하기도 했고, 선배들로부터 많은 가르침을 받기도 하였다. 그러하였으니, 학교 성적은 늘 바닥을 벗어나지 못하였고, 흥미도 점점 잃게 되었다. 학교 생활에 들어가는, 모든 비용과 교복 등 모든 것을 국가에서 무상으로 주었고, 레일 위에서는 어디든 교통비가 면제되어, 부모님께는 약간의 용돈만 타서 쓰면 되었다. 졸업 후에는 철도청에 공무원으로 임용되기 때문에 갈급해야 할 이유가 없었으니, 태만해질 수밖에 없었다.

내 안에 들어와 소화하지 못한 지식이, 마치 내 것처럼 착각하고 살던 나는 오만해졌고, 결국 혼돈에 빠지고 말았다. 정해진 편안한 길을 가는 것은, 나에게 어떠한 감동과 가치도 줄 수 없다는 생각이, 독버섯처럼 자랐다. 나는 마침내 3학년 5월 둘째 주 수요일에, 스스로 학업을 포기하고 말았다. 성장하며 기대를 저버린 적이 없었기에, 부모님은 내가 국가로부터 받은 모든 혜택에 상응하는, 적지 않은 금액을 반납해 주셨다. "검정고시를 합격하고, 최고의 대학에 진학하여, 큰 사람이 될 자신이 있습니다"란 나의 말을 믿어 주셨다. 지금 돌이켜 보면, 그때 그 말은 완벽한 사기였다. 왜냐하면, 나는 공부에 전념하지도 않았고, 부모님의 기대와는 다른 길을 갔으며, 완벽한 실패를 결과로 보여드렸기 때문이다. 지금까지도 내가 가장 크게 불효한 부분으로, 부모님을 생각할 때마다 옹이로 남아, 아프게 만져진다.

아픈 청춘의 삶

학교를 나와, 나는 학원에 다니거나 공부에 열중하지 못했다. 한동안 절간을 전전하며 승려의 삶을 꿈꾸기도 하였고, 집시가 되어 발길 닿는 대로 이유도 모르고 전국을 떠돌아다녔다. 소중한 청춘의 시간을 허비하며, 끝도 모를 나락에 떨어져, 14개월을 부초처럼 떠다녔다. 나 자신을 찾겠노라 떠났던 방황의 시간은, 습지의 우울로 남았고, 치유할 수 없을 것만 같은 깊은 상처가 되어, 후일 나를 괴롭히는 요인이 되었다. 정신을 차리고 제자리로 돌아와서야 넘어진 나를 발견하고, 그 땅을 짚고 일어서려고, 독한 마음으로 다시 책을 잡았다. 검정고시를 통과하고, 대학교 진학을 위해 공부에 전념했지만, 모든 것은 적당한 때가 있는 법이다. 많은 시간 학업에서 멀어져 다른 길을 가던 내가, 꾸준히 성실하게 노력해온 경쟁자들을 단기간에 따라잡는다는 것은,

결코, 쉬운 일이 아니라는 것을 뼈가 저리도록 느끼게 되었다. 당연히, 원하는 만큼의 결과를 얻지 못했고, 연거푸 두 번의 실패로 나는 진학의 꿈을 접고 말았다. 지금 다시 생각해보면, 아쉬운 면도 있고, 후회도 된다. 실력이 모자라는데 왜 인정하지 못하고, 자존심만 세웠는지. 서울에 있는 원하던 대학만을 고집했어야 했는지. 지방 대학을 선택하면, 무리 없이 진학할 수도 있었는데. 나는 늘 현실성이 부족하고, 합리적이지도 못한 치명적인 결함을 가진 사람이란 걸, 많은 시간이 지나서야 알고 인정하게 되었다.

길 18

내가
걸어온
길이

온전한
집이
되는
날

나는
그
집을
버리고

다시

길

위에

서리라

혼돈과 연이은 실패로 생긴 상처에 아파하며, 후회만으로 가득 차 넘치고 있는, 내 못난 모습을 마주하는 것은, 죽기보다 싫어 억지로 외면하고 싶었다. 아픈 청춘이 만져질 때마다, 자신을 저주하며 우울 속에서 허우적거리다 군에 입대하게 되었다. 병역의무를 다하고, 30개월 만에 다시 돌아온 현실은, 입대 전보다 암울하기 그지없고, 기댈 곳 하나 없는 사막과도 같았다. 진학에 대한 미련을 버리지 못하고, 공부를 다시 도전해보고 싶었지만, 병석에 계시는 아버님을 생각하면, 부끄럽고 염치가 없어 포기할 수밖에 없었다. 검정고시가 학력의 전부고, 특별한 기술 하나 배운 것이 없는 나에게 현실은 냉혹했다. 공장 생활과 막노동판을 전전하며, 불안한 미래에 대한 고민만 키우다 이렇게 패배자로 낙인찍혀 무너질 수는 없다, 다시 일어서야 한다, 스스로 다짐하고 스스로 용기를 내어 일어서야 했다. 그래서 자신이 서 있는 자리를 먼저 인정하고, 학력이나 자격을 조건으로 삼지 않는 일을 찾게 되었다. 그중에 공무원 시험을 선택해 도전하게 되었다. 배수진을 치고 열심히 준비했고, 다행인지 행운인지 복수의 시험에 합격하게 되었다. 그리고, 무직자의 설움을 하루라도 빨리 벗어 던지고 싶어, 무조건 먼저 발령 내주는 곳을 선택했고, 벌써 33년

긴 세월 근무하고 있다.

미래의 희망의 불씨를 지피다

내가 근무하는 청주청소년꿈키움센터는 법무부 산하 기관으로, 나와 같이 방황하며 상처받은 아이들이 그 상처를 치유하고, 다시 미래의 희망의 불씨를 지피는 곳이다. 나는, 이곳에 오는 아이들을 상담하고, 교육할 때마다, 나의 방황하던 모습을 보고 있다는 생각을 하게 된다. 그래서인지, 불편함 없이 익숙하고 편안하게, 아이들과 소통하고 있어, 내게는 잘 어울리는 옷이고, 천직이라 생각한다. 우리가 살아가는 사회에서 학력이란, 중요한 조건 중 하나다. 그러기에 청소년기 하고 싶은 많은 것을 포기하고, 인내하며 책과 씨름하는 것이다. 함께 근무하고 있는 동료들 면면을 보면, 대학 졸업은 당연하고, 그 이상의 학력을 가진 분들이 많다. 고졸 검정고시가 공식 학력의 전부인 나는 천연기념물에 속한다. 심리학 · 교육학 · 상담 · 법학 · 사범대를 졸업한 교사자격을 갖춘 동료들과 서로 협력하며 일하기 위해서, 나는 몇 배의 노력을 해야만 한다. 고졸이라 무시당하지 않기 위해, 경쟁에서 뒤처지지 않기 위해서, 남들 한 걸음 뗄 때, 난 두세 걸음을 뛰어야 했다. 그래서 나는 억척스럽게 살았다. 동료들이 학부나 대학원에서 배운 것을 독학으로 습득하였고, 지금도 꾸준히 관심을 기울이며 노력하고 있다. 어쩌면 고졸이란 멍에가, 나를 더 성장시킬 수 있는 힘이 되어 주었고, 방황하며 아파했던 청춘의 힘겨웠던 여정이, 아이들을 이해하고 받아들이는 데 자양분이 되어, 나를 더욱 견고하게 만들어 주었다. 나는 늘 긍정적으로 생각하고, 즐겁게 일하려고 노력한다. 어려운 일이 주어지더라도 피하지 않고, 자신감을 가지고 더욱 집중하고, 용기를 내어 해결하려고 한다. 내가 지나온 시간을 반추해 보면, 고졸이란 멍에와 두 번의 대학진학 실패가 전부지만, 아픈 경험을 거울삼아 최선을 다하려 노력한다. 나는 내 능력을 시험하고 싶어 누구나 어렵게 생각하는 고3 수능반 담임을 자원하였고, 열심히 지도한 결과 13명 중 11명을, 그것도 서울 소재 4년제 대학에 5명을 합격시켜, 소년 보호기관 역사상 최고의 대학진학 성과를 냈으며, 지금까지도 그 아이들을 만나고 있다. 보다 효과적이고 내가 함께하는 아이들에게 맞는 교육방법을 고민하고 개선하려 늘 고심한다. 그중에는 몇 가지 개발한 인성교육프로그램을 전국 기관에서 활용하는 성과를 거두기도 하였다. 주변인이 아닌 내 삶의 주인공이요, 내가 몸담은 직장에서는, 머슴이 아닌 항상 주인의 자세로 노력한 성과를 인정받아, 법무부에서 선정하는 올해의 교사 대상을 받는 영광의 순간도 있었다. 비록 제도권 안에서 교육을 받지 못하였지만, 나는 내 나름의 방식으로 극복하려 노력하였고, 많은 시간 축적된 경험을 활용하여, 위기 청소년들을 상담하고 교육하려 노력하고 있다. 사람에 관한 일은, 경험이 가장 정확한 이론이라 생각한다. 쌓인 경험은 나를 깊게 만들었으며, 현장전문가로 성장시켰고 남들에게도 인정받아, 사범대 학생들 대상으로 3학기, 대학원 1학기 동안 특강을 하기도 했다. 당시 수학교육과에 다녔던 아들도 내 강의를 들었다. 지금도 법무연수원·로파크 등 여러 기관단체에서 특강을 하며 내가 가진 경험을 나누는 일을 계속하고 있다.

길 37

-고독-

빚은

사방에 있다

그러나

길은

보이지 않는다

도면 없이

길을

만들고

이정표 새기며

불안한 마음 밭에

확신을 심는다

난

늘

길이 되어야 한다

　사람은 고독할 때 가장 깊어질 수 있고, 시련을 극복하며 더 강해진다. 아직 가야 할 길은 멀다. 때론 길 위에서 길을 잃기도 하지만, 길 위에서 또 길을 찾아, 그 길을 가치 있게 만들어야 하기에, 승부는 아직 끝나지 않았다. 부러진 뼈가 복원되면, 그곳은 다시 부러지지 않는 법이다. 상처받고 방황하는 것은,

길 위에서 누구에게나, 늘 있는 일이다. 넘어진 자가 일어서지 못하고 주저앉아 있으면, 그곳은 무덤이 되지만, 그 땅을 짚고 일어선 자에게는 새로운 세상이 열린다.

"종종걸음으로
협곡을 건널 수는 없다"

연순동(고등학교 전 교장)

최선을 다하는 것이 아름답다

이제 70을 바라보는 나이에 50여 년 전의 나를 바라보는 일은 정말 어려운 일입니다.

별명이 똑순이인 나는 부모님에게 받은 무한한 사랑과 기대로 초등학교에 대한 기대가 남달랐습니다. 어릴 때부터 질투와 욕심이 유난히 많았던 나는 빨리 초등학교에 가서 1등을 해서 아버지께 칭찬을 더 받고 싶었습니다.

초등학교 입학을 하자 나는 담임 선생님께 인정받기 위해 공부는 물론 청소도 열심히 하였습니다. 집에 돌아와 아버지께 미주알고주알 이야기할 때 흐뭇하게 바라보시던 아버지의 따스한 눈빛을 생각하면 아직도 따스함이 전해지는 듯합니다.

1학기 기말고사를 치르고 성적표가 나왔습니다. 모든 과목이 자신 있어

1등밖에는 생각도 안 했습니다. 그러나 성적표를 받아보니 2등이었습니다. 용납할 수가 없었습니다. 친구들 통신표를 살펴보니 우리 담임 선생님 딸이 1등이었습니다. 나는 절망했습니다.

이 학급에서는 절대 1등을 할 수 없다고 결론을 내렸습니다. 항상 1등을 목표로 살아온 나는 아버지를 졸랐습니다. 다른 반으로 갈 수 있게 해 달라고 하였습니다. 의지가 꺾이지 않을 것을 안 아버지는 반을 바꾸어 주셨습니다. 60년 전 이 일은 결코 잘한 일이 아닙니다. 1등만 잘 사는 길이 아님도 잘 압니다. 다만 어떤 상황에서도 굴하지 않고 목표를 향해 나아가는 인내심을 칭찬하고 그러한 내가 자랑스럽고 사랑합니다.

내가 나를 사랑해주지 않으면 누가 나를 사랑하겠습니까? 중학교 3학년 때 입시제도가 너무 고정적이어서 저는 상업학교에 가게 되었습니다. 그 상황에서 저는 열심히 공부하여 사범대학에 합격하여 중등교사가 되었습니다. 그때 실업학교를 나온 사람이 사대에 합격하는 것은 쉬운 일이 아니었습니다. 지금 생각하면 어떤 상황에 부딪힐지라도 꿈을 향해 전진한 나를 칭찬해주고 싶습니다.

저는 공부만 열심히 한 것이 아닙니다. 학급 환경정리 1등을 하기 위해 페인트칠하여 화장실 낙서를 다 지우기도 했고, 학급 화단에 접시꽃을 뽑아다 심기도 했습니다. 모든 일에 최선을 다했습니다.

"최선을 다하는 것이 가장 아름다운 일이다."

이게 제 좌우명입니다.

언제나 그 자리에서 좌절하지 않고 일어서는 칠전팔기의 정신으로 살아왔습니다.

한 사람의 진정한 가치는 위기를 넘기는 행동으로 판단할 수 있다고 생각합니다. 우리 아버지가 64세 젊은 나이에 교통사고를 당하셔서 사망하셨을 때에도 저는 오뚝이처럼 일어섰습니다.

후배 여러분!

아무리 어려워도 굴하지 말고 자신을 사랑하며 꿋꿋하게 일어서세요.

지극한 부모님의 사랑

고등학교 1학년 때는 사설학원을 다니고 싶어 신문 배달을 했습니다. 그때도 부모님은 저를 응원해 주셨습니다. 말하자면 내가 하고자 하는 일을 거절하지 않으신 것입니다. 대학 진학 때도 제가 선택하도록 모든 것을 저에게 맡겨 주셨습니다.

지금 생각해 보니 저를 인정해주신 부모님의 사랑이 지금의 저를 만든 것이었습니다. 아버지는 초등학교 교사셨습니다. 아버지의 직업에 영향을 받아 교사가 되었고 언제나 승진에 대한 꿈을 말씀하신 덕분에 40대에 교장이 되었습니다.

무엇이든 최고로 먹이려고 하셨고 옷도 가장 좋은 것으로 입히셨습니다. 6학년 때 장애물 경기를 하는데 지에게 주이진 과제는 '업허서 뛰이기기'였습니다. 큰 덩치의 나를 업어줄 사람은 아부도 없을 것으로 생각하며 포기했을 때 엄마가 뛰어오셔서 저를 업고 뛰셨습니다. 저는 3등을 했습니다. 그때의 놀라움은 지금도 생생합니다. 이런 부모님의 적극적인 지지로 지금의 제가 있음을 고백합니다.

나무껍데기를 벗겨서 땔감으로 불을 피우던 시절, 한밤중에 나무가 들어오면 졸음을 마다하지 않고 달려나가 누구보다 많이 그리고 빨리 땔감을 마련하셨던 엄마의 열정이 지금의 저를 만들었습니다. 갈등을 싸안고 살 틈을 주시지 않고 무조건 밀어주시기만 하셨습니다.

막냇동생을 낳으실 때 안방에서 혼자 아기를 낳으셨고 미역국을 끓일 형편이 안 되어 끓는 물에 간장 치고 김 한 장 부숴 넣어 가지고 오라고 하셨던 강인한 어머니의 생활력이 지금의 저를 만드셨습니다.

이 지면을 통하여 부모님 은혜에 감사를 드립니다. 정말 고맙습니다.

"갈등하는 나를
믿고 사랑하기"

변영리(변호사)

05

어른이 되기 위한 진통 과정

청소년기의 갈등과 방황을 어떻게 이겨내 왔는지에 대한 글을 요청받고 나는 한참을 머뭇거렸다. 나는 여전히 청소년기에 했던 생각과 분노, 그리고 문제의식을 느낀 상태로 어른이 되었고, 나름 번듯한 직업을 가진 지금 청소년기에 나를 문제아로 분류하게 했던 성격과 특징이 이제는 나를 특별하게 하는 장점으로 인식되고 있기 때문이다. 청소년기의 방황과 고뇌는 건강한 성인이 되기 위한 당연한 진통 과정으로 나는 이 글을 읽는 친구들이 감정이 요동치는 이 시기를 부디 잘 버텨내 주기를 기도해 본다.

나의 사춘기는 초등학교 5학년 때 시작되었다. 당시 담임 선생님께서 일부 아이들만 편애한다는 생각이 들기 시작하면서 어른에 대한 신뢰가 갑자기 무너지기 시작했었다. 어떻게 선생님이라는 직업을 가진 사람이 그럴 수 있을까라는 생각은 그 이후 어른들이 만든 규칙에서 발견되는 불합리하고 모순점에 대한 분노의 감정으로 이어져 갔다. 말과 행동이 다른 어른들의 이야기를 들을 필요가 없다는 생각이 드는 건 어떻게 보면 아주 논리적인 결론이었다. 기성세대의 규칙에 불만을 가진 내 태도로 인해 나는 가정과 학교에서 문제아로 분류되기 시작했고, 어른들로부터 차가운 시선을 받는 광야의 시간은 대학교를 입학한 후까지 지속되었다. 다시 생각해보니 나의 방황과 갈등은 끝난 적이 없고, 단지 내가 어른이 되면서 나의 행동과 사고가 더 이상 "사춘기의 방황"이라고 규정되지 않는 듯하다. 오히려 변호사로 일하는 현재 불합리하거나 불편한 상황을 그냥 지나치지 않는 내 성격은 "조직 내 문제점을 잘 파악하고 해결법을 제시할 수 있는" 사람으로 평가되니 참 아이러니하다는 생각이 든다.

누구나 겪는 성장통이라고 해서 힘들지 않은 것은 아니다. 나의 청소년기는 하루하루 마음속에서 일어나는 전쟁으로 괴로웠던 것 같다. 힘들어 죽겠는데 남의 속도 모르고 입바른 소리 하는 어른들이 꼴 보기 싫었다. 결국 고등학교 시절 같은 욕구를 가진 친구들끼리(어른들 눈에는 문제아 집단인) 모여 당시 가수들 춤을 따라 하는 모임을 만들었고, 십시일반으로 돈을 모아 상가 지하에 위치한 에어로빅 실을 주말에 빌려 춤도 추고 시시껄렁한 이야기를 주고받으면서 시간을 보냈었다. 당시 유행했던 힙합 스타일은 자기 몸에 몇 배가 되는 큰 옷을 입는 것이어서 단지 그 옷을 입고 몰려다닌다는 이유만으로도 길에 지나가던 아저씨들이 시비(?)를 거는 경우도 적지 않았다.

우린 모두 무언가에 불만이 많았고 집에 가면 답답했고 춤을 추면 행복하다는 이유로 만나게 된 친구들이었다. 문제아 집단에서는 초보에 속했던 내 처지에서는 좀 더 문제아로 보이는 친구들도 있어 처음에는 조금 꺼렸던 기억이 난다. 하지만 시간이 지나고 서로에 대해 알아가면서 속 이야기도 하게 되었고, 나는 마침내 그 친구들이 얼마나 착하고 여리고 남을 위할 줄 아는 아이들인지 알게 되었다. 속을 들여다보니 우리는 (문제아 집단이 아닌) 자신의 연약함을 드러내지 않고 상처받지 않기 위해 강한 척을 했고, 혼자 있으면 외로워서 주변에 비슷한 친구들과 모이려 했던 것이다. 집에 술만 마시면 폭력적으로 변하는 아버지가 계신 아이, 너무 바빠 부모님이 자녀에게 신경을 쓸 수 없는 가정의 아이 등 가정에서 안정감을 느끼지 못해 밖으로 빙빙 도는 아이들이 적지 않았다. 나도 나름 공부 잘하는 언니와 비교당하며 낮아진 자존감(공부 말고는 내가 더 잘하는 것도 있었는데!)과 나의 청소년기 방황을 한심하게 보는 것 같은 부모님으로 인해 힘들다며 나의 반항을 정당화하고 있었는데, 다른 친구들 이야기를 듣고 보니 내 고민은 배가 부른 것이었다. 그 친구들 눈에도 내가 철이 없어 보였는지 한 남자아이가 "우리는 어쩔 수 없을 것 같은데, 너는 공부 열심히 해라"라고 이야기를 한 적도 있었다.

이 이야기를 하는 이유는 이 경험을 통해 소위 문제아로 보이는 아이 중 많은 아이가 성장 과정에서 부모 또는 다른 어른들에게 상처를 받았을 가능성이 있다는 사실을 깨닫게 되었기 때문이다. 고등학교 시절 함께 방황했던 그 친구들을 통해 나는 사람을 겉모습으로 판단하지 않고, 그런 성격과 태도를 갖게 된 이유에 좀 더 관심을 기울이게 되었다. 근본적인 문제는 어른에게 있는데, 아이들에게 고치라고 해서는 아무것도 해결할 수 없을 테니 말이다. 그리고 어른들이 생각하는 것보다 아이들은 뭐가 옳은 길인지 이미 너무 잘 알고 있다는 점도 알 수 있었다. 내게 "우린 어쩔 수 없을 것 같은데, 너는 공부 열심히 해라"라고 말한 그 친구는 안정적인 상황이라면 자라서 어떤 어른이 되면 좋을지 누구보다 잘 알고 있는 것 같았다. 어른들이 아무리 혼내고 다그쳐도 듣지 않았던 내가 그 친구의 조언 한마디에 정신이 번쩍 났다. 나는 그 이후 서서히 방황을 줄이고 학업에 신경을 쓰기 시작했다. 문제아 중 문제아로 보였던 그 친구는 자신의 어려운 처지에도 불구하고 다른 친구를 위한 진심 어린 조언을 할 줄 아는 멋진 사람이었던 것 같다. 타인의 삶을 바꾸는 그런 멋진 조언을 할 줄 아는 그런 멋진 사람을 나는 어른 중에서도 많이 만나 보지 못한 것 같다.

딸이 밖으로 돌아다니며 나쁜(?) 친구들을 사귀는 동안 나의 부모님이 뭘 하셨는지 궁금할 수 있겠다. 물론 혼내기도 하셨고 종종 냉전의 시간을 갖기도 했지만, 부모님은 끝끝내 나의 오랜 방황을 기다려주셨다. 부모님이 기다려주신다는 뜻은 나를 포기하지 않았다는 의미였고, 그 자체만으로도 내가 회복하고 다시 돌아올 수 있는 힘이 되었다. 지금 비록 방황하더라도 돌아올 곳은 가정이고 내가 돌아오길 기다리는 가족이 있다는 사실은 성장 과정의 길고 어두운 터널에서 다른 길로 빠지지 않고 올바른 방향으로 갈 수 있도록 하는 나침반이 되어 주었다.

그 나이의 관점에서 생각한다는 것

이제 어느덧 나도 세 딸의 엄마가 되었고, 첫아이는 올해로 11살이 되었다. 엄마로서는 초보이기 때문에 앞으로 곧 사춘기가 올 자녀에게 신뢰할 수 있는 좋은 버팀목이 될 수 있을지는 잘 모르겠다. 그러나 지독하게 고통스러운 성장통을 겪었고 지금도 겪고 있는 선배로서 세운 원칙이 하나가 있다.

"내가 아이의 상황이라면 할 수 없는 것을 강요하지 말고 그 나이의 관점에서 나라면 어떨지 생각해보자."

내가 하지 않아서 후회했던 것을 사랑하는 자녀가 반복하지 않도록 해 주고 싶은 것이 부모의 마음이겠지만, 나는 딸아이에게 무언가를 시키거나 이야기하기 전에 내가 그때 왜 안 했는지와 지금 당장 과거로 돌아간다면 할 수 있는지를 생각해보는 연습을 하고 있다. 더불어 딸이 어떤 요구를 했을 때 11살의 나라면 어땠을까를 생각해본다. 먼저 겪은 내가 아이의 마음을 이해하고 공감하려고 노력한다면 아이가 어른이 되어가면서 겪어야 하는 성장의 시간을 조금 덜 괴롭게 지내도록 도와줄 수 있지 않을까라는 기대를 끙끙대며 노력 중이다.

마지막으로 선배 문제아로서 감히 힘들고 고된 성장의 고통을 겪고 있는 청소년들에게 응원을 보낸다.

아무런 이유 없이 화기 치밀이 오르고 억울하고 세상이 다 불공정하게 느껴지는 반면에, 다른 한편으로는 부모님과 세상의 기대에 맞춰 잘하고 인정받고 싶을 거야. 더 치열하게 고민하고 생각하면 좋겠어. 갈등하는 너 스스로를 사랑하고, 건강하고 멋진 삶을 살아나가기 위해 한 발짝 한 발짝 나아가보자. 곤충은 성충이 되면서 겉과 속이 모두 완전히 바뀌는데, 사람이 어른이 되어 가는 과정에서 지독한 갈등과 방황을 하는 건 너무 당연하지 않을까? 넌 지금 네가 해야 할 일을 잘하고 있다고 생각해!

"흔들려 아팠던 아름다운 시절"

김판용(시인, 작가, 현직 교장)

하고 싶은 게 많았던 시절

지금도 그렇지만 예전, 특히 청소년기에 나는 하고 싶은 것들이 정말 많았다. 공부를 빼고는 무엇이든 재미가 있었다. 요즘처럼 핸드폰이나 인터넷 게임은 물론, 그 흔한 노래방도 없었던 시절이지만 친구들과 같이 있는 그 자체가 즐거움이었다. 또래 여학생들과의 관계는 또 어떠했던가? 내성적이어서 일부러 낯선 여학생들을 피해 다니기도 했었지만, 친한 여자 또래들과 어울리면 괜히 남성적인 매력을 뽐내려 객기를 부리기도 했었다. 그 시절을 떠올리면 지금도 얼굴이 붉어지곤 한다.

무엇을 해도 즐거웠던 그 시절, 그러나 정작 나를 사로잡은 것은 글쓰기였다. 가난한 농가에서, 그것도 별로 배운 것이 없는 부모 밑에서 자란 내가 글 쓰겠다고 마음먹은 계기는 무엇이었을까? 그것은 아마 책일 것이다. 어느 날

내게로 불쑥 책이 온 것이다. 사실 초등학교 입학 전까지 우리 집에는 책이 없었다. 동네에서도 한약방을 했던 약방 할아버지 댁의 의서(醫書)를 제외하고는 책 구경을 거의 하지 못했다. 교육열이 남달랐던 아버지 덕에 입학 전 한글을 깨치긴 했으나 정작 읽을 책은 없었다.

오로지 교과서만 봐야 했던 초등학교 2학년 때로 기억한다. 우연히 작은할아버지 댁 측간에서 마구 찢긴 책 한 권을 발견했다. 고모가 서울에서 가져온 것 같은데 불행히도 용도는 화장지였다. 황급히 일을 보고는 그 책을 옷 속에 숨겨 집으로 가져왔다. 그리고 남아있는 페이지의 글들을 읽고 또 읽었다. 너덜너덜한 그 책은 읽기의 갈증을 풀어준 오아시스였다. 짧은 행으로 이어진 글들이 시라는 것도, 그 책의 저자가 김소월이라는 것도 나중에야 알았다. 〈산유화〉, 〈진달래꽃〉 등 그때 달달 외워두었던 시들을 중고등학교 때 만나니 너무나 반가웠다. 정말 뭐가 뭔지도 모르고 나는 그렇게 시와 만났다.

초등학교 5학년 때였다. 담임 선생님께서 점심 후에 파란색 표지의 책을 한 권 가져오셔서 그 안의 글들을 읽어주셨다. 나중에 알고 보니 그 책은 전라북도 초등학생들이 쓴 동시를 모아 엮은 문집이었다. 선생님께서는 그 책이 백 원인데 살 사람 사라고 하셨다. 무슨 병인지 나는 바로 그 책을 사야겠다고 마음먹었다. 그래서 아버지께 말씀드렸더니 하라는 공부는 안 하고 쓸데없는 짓 한다고 지청구만 들었다. 단번에 거절당한 것이다. 그러나 한번 마음먹으면 쉽게 포기하지 않는 성격인지라 계속 어머니를 조르고 졸랐다. 장날 옥수수를 쪄서 팔려고 가시는 어머니를 쫓아 계속 울면서 '백 원만'을 외쳤다.

우는 게 귀찮으셨는지, 아니면 안쓰러우셨는지 어머니께서 치마 안쪽 주머니에서 쭈글쭈글 접힌 오십 원짜리 지폐 한 장을 건네주셨다. 그러나 그것으로는 부족했다. 어쩔 수 없이 우리 집 안방 천장에 매달린 우체통 모양의 동전통에 손을 댈 수밖에 없었다. 그 동전통은 키가 크신 아버지께서 천장에 매달아 놓으시고 1원짜리 동전을 넣으시던 저금통이었다. 그날 나는 몰래 사다리를 가져다 그 통을 열었다. 그리고 양심적으로 딱 50원만 훔쳤다. 다음날 당당하게 선생님께 돈을 지불하고 그《해바라기》문집을 내 것으로 만들었다.

눈치가 빠르신 아버지께서는 그 책을 보자 자금 출처를 따지셨고, 나는 친구 것을 잠깐 빌렸다고 했지만 이내 천장의 저금통을 확인하신 후 엄청나게 혼이 났다. 하라는 공부는 안 하고 '애민 짓'도 모자라, 이제 도둑질까지 한다고 회초리를 휘두르셨다. 지금 생각하면 상 받을 일에 큰 벌을 받은 것이다. 그래도 후회는 하지 않았다. 어린 나이에도 그걸 견뎌야 한다고 여긴 듯하다. 그 정도의 소신은 있었던 제법 의젓한 어린이였다. 이후 책에 나오는 동시를 외우며 시를 쓰기 시작했다.

공부보다 글쓰기 좋았던 시절

걸어서 십 리 거리의 중학교로 진학했다. 그때도 수학 문제나 영어 단어보다 시를 쓰는 것이 내게는 더 중요했다. 그러던 2학년 어느 날 청소를 마친 짝꿍이 학교도서관으로 책을 빌리러 가자고 했다. 잭노 좋아했서니와 남의 청에 거절을 못 하는 성격상 그 친구를 기꺼이 따라나섰다. 그리고 놀랐다. 그렇게 귀했던 책이 서가에 가득 꽂혀 있었기 때문이다. 지금 생각하면 학교도서관이라고 하기에는 너무도 초라하기 그지없었다. 천 명이 넘는 전교생에 교실 반 칸 규모라니…….

그래도 그 공간이 너무나 좋았다. 처음에는 한 권을 2~3일 동안 읽었지만 나중에는 하루에 두 권씩 꾸준히 대출했다. 청소가 끝나면 우리는 무조건 도서관으로 달려갔다. 처음에는 어떤 책을 고를지 몰랐지만 시간이 지나면서 책을 선택하는 안목도 생겼다. 셰익스피어를 읽고, 《삼국지》를 넘었다. 헤세와 만나고, 《논어》, 《삼국유사》를 접했다. 프로이트와 루소의 책장과 씨름하기도 했다. 이런 우리의 다독이 기특하셨는지, 아니면 하루도 안 거르고 오는 게 귀찮으셨는지 도서관 담당 선생님께서 어느 날 독후감을 써오지 않으면 책을 안 빌려줄 거라며 독후감 용지를 주셨다. 속된 말로 기름종이에 철필로 써서 롤러로 인쇄한 흑지의 양식에 하루에 두 편씩 독후감을 썼다.

무작정 읽었던 책에 질서가 잡히기 시작하면서 글을 쓰고 싶었다. 이 정도의 글이라면 나도 쓸 수 있을 것 같은 생각이 들었다. 그때 읽었던 동화 중에 겨울밤 찹쌀떡을 파는 소년이 자주 등장했다. 그 찹쌀떡과 메밀묵을 파는 소년의 외침이 메아리처럼 울리는 서울의 밤거리를 책으로 대하며 낯선 도시를 상상하기도 했다. 또 70년대 이농으로 떠난 친구들에게 편지를 쓰기 시작했다. 모든 것이 그립고 또 그리웠다. 내가 사는 세상과 다른 세상에 대한 갈망은 이후 해외펜팔로까지 이어졌다. 외국 친구와 편지를 위해 영어공부를 열심히 했다.

그런 소년에게 아예 불을 지른 사람이 있었다. 고등학교 때 국어를 가르치신 고영규 선생님이시다. 선생님께서는 동시를 쓰시다가 시인으로 등단, 그 직후 우리 학교로 오셨다. 그분은 기존의 질서를 거부하셨다. 그래서 교장, 교감 선생님과 자주 부딪히시고, 동료 교사들과도 어울리지 못하셨다. 결국 전북에서 더 있기 힘드셔서 경기도로 도간 이동을 하시기도 하셨으니 반골 기질이 다분하신 분이셨다. 그분을 따라 시를 쓰기 시작했다. 그 후 수학이나 사회 등 모든 시간이 글쓰기 시간이었다. 오죽했으면 고3이니 공부하라는 충고를 선생님께서 하셨을까?

시만 쓴 게 아니었다. 그 시기 지역방송에서 도내 유명한 서예가들의 작품과 삶을 조명하는 프로그램을 방영했었는데 그 영향으로 붓글씨의 매력에 빠져 밤마다 화선지에 글씨를 썼다. 아버지께 들키면 혼나는 것이 두려워 공부하는 척 교과서를 펴놓고 붓을 잡았다. 그뿐 아니라 학교에서 쉬는 시간이면 음악실로 달려가 풍금을 치기도 했고, 방과 후에는 아그리파상 앞에서 스케치북을 펴놓고 데생을 했다.

그리고 친구들을 모아 문학회를 조직했다. 글 쓰는 동아리지만 시화전을 해야 하니 서예나, 그림 실력은 아주 유용했고 그런 면에서 내 능력은 문학회 내에서 절대적이었다. 자연히 조직을 이끌게 됐고, 시화전을 준비할 때쯤에는 학교에서 밤을 새우면서 작업에 몰두했다. 자전거 페달을 밟으며 새벽바람을 가르며 귀가했다. 그리고 아침 먹고, 다시 도시락 두 개를 챙겨 학교로 향하곤 했으니 지금 생각하면 그 열정이 어디서 나왔는지 놀랍기까지 하다.

시화전을 할 때의 일이다. 학교에는 마땅한 장소가 없었다. 당시 학교가 있는 소재지에서 가장 세련된 건물이 홍부사진관이었는데 나는 그곳에서 시화전을 해야겠다고 마음먹었다. 그래야 지역주민들이 많이 올 것 같았기 때문이다. 그래서 무작정 사장님을 찾아서 통사정을 했다. 처음에는 임대료가 얼마인지 아느냐며 이야기도 못 꺼내게 하셨다. 간절함은 기적을 만든다던가? 어린 내가 기특했던지 시설에 흔적을 남기지 않아야 한다는 단서를 달아 무료로 대여를 허락해주셨다.

장소만 있다고 해결되는 것은 아니다. 당시 우리 주머니 사정으로는 시화 작품을 넣을 액자를 마련할 수 없었다. 액자는 유일하게 신신유리점에서 제작했기에 다시 그곳을 찾아갔다. 우리가 맞출 수는 없으니 만들어진 기성 액자를 무료로 빌려달라고 부탁했다. 처음에는 말도 붙이지 못하게 했다. 한번 작품을 넣으면 팔 수 없는데 어떻게 그런 이야기를 하느냐고 타이르시기도 했다. 그러나 티 나지 않게 쓰고 그대로 돌려드리겠노라고 계속 조르고 졸라서 또 허락을 받았다.

이번에는 공간을 꾸밀 화분이 필요했다. 화분들 역시 모두 빌렸다. 파출소, 농협, 면사무소를 리어카를 가지고 돌면서 화분을 옮겨왔다. 전시가 끝나면 반드시 원위치에 가져다드리겠노라는 약속을 믿어 주신 것이다. 색종이를 접어 화분을 장식하고, 전시 공간에 놓으니 작품들이 한층 빛이 났다. 드디어 전시회가 열리는 날 지역의 유지들을 모두 초대했다. 고등학교 2학년 학생의 초대에 응해주신 면장님, 파출소장님, 우체국장님, 농협 조합장님 등 모든 분에게 감사의 말씀을 꼭 전하고 싶다.

이렇게 하라는 공부는 안 하고 엉뚱한 짓을 꾸미고, 추진하고 있었으니 성적은 계속 떨어질 수밖에 없었다. 고3이 돼서 모의고사를 보고 나면 아버지의 한숨은 깊어지셨다. 나의 활동을 인정해주셨던 고영규 선생님마저도 대단한 열정과 능력은 알겠는데 이제 그만하고 공부에 집중하면 어떠냐고 설득을 하시기도 했었다. 그러나 공부보다는 그런 활동에만 마음이 갔다.

어쩔 수 없는 방황이라면 기꺼이 받아들여라

그렇게 고등학교를 졸업했다. 친구들은 대학을 갔지만 나는 하루아침에 낙오자로 주저앉았다. 백일장은 물론 서예, 사생대회에서 상을 휩쓸었지만 대학에 낙방하고 나니 처량한 신세로 전락했다. 학교 뒷산 배맨바위를 보며 '큰 바위 얼굴'처럼 성공해서 돌아오겠다고 혼자 다짐했던 호기 어린 기상도 빛을 잃었다. 그즈음 아버지께서는 말씀이 없으셨다. 믿었던 장남에 대한 실망이 크신 듯했다.

그러나 정작 나는 나를 걱정하지 않았다. 비록 당시의 신세는 처량했지만 무엇이든 해낼 수 있을 것 같았다. 그 힘은 그동안의 독서와 글쓰기, 그 외 예술 활동에서 나왔을 것이다. 그리고 현실이 어떻더라도 꿈을 잃지 않고, 그 꿈을 이루기 위해 노력하면 반드시 이룰 수 있음도 내 삶으로 증명했다. 이후 나는 시인이 되었고, 또 문화기획사도 활동했다. 그뿐 아니라 교육사로서 학생들의 미래 역량을 기르기 위해 노력했다.

　방황은 내 삶의 길 찾기였고, 그 방황의 에너지가 꿈으로 이어지면 시들지 않는 꽃처럼 아름다운 것이다. 그러니 사랑하는 청소년들이여, 어쩔 수 없는 방황이라면 기꺼이 받아들여라. 마음대로 되지 않는다고 좌절하지 마라. 십대에 마음대로 이룰 수 있는 것이 무엇이 있겠는가? 그 시절은 좌절과 좌절로 삶의 기틀을 쌓아가는 아픈 시기이다. 꿈을 위한 방황은 아프지만 아름다운 것이니…….

"집이 없는 설움은
정의로움을 키우는 근원이 되었다"

이숙애(충청북도의회 의원)

'남의 집 살이'의 설움

평소와 다름없이 안집 마당으로 달려갔다.

아침까지만 해도 보라색으로 예쁘게 피어 있던 꽃들은 모조리 뽑혀나가 흔적도 없이 사라져 버렸고, 담벼락에 붙어있는 60cm 넓이의 화단은 흙바닥만 드러내고 있었다.

망연자실한 나는 그 자리에 주저앉았다.

그 후로도 한 달여 동안은 절망감에서 벗어날 수 없었다.

'비어있는 화단에 꽃을 좀 심었기로시니 어쩜 예고도 안 하고 뽑아버릴 수 있담' 안집 아저씨가 너무 원망스러웠다. 그러나 아무에게도 그 속상한 이야기를 할 수 없었다. 나는 너무나도 내성적이었고, 그 화단은 우리의 소유가 아니었기 때문이다. 중학교 2학년 때의 일이다.

평소 꽃을 좋아했던 나는 초등학교 저학년 때부터 화단에 꽃을 가꾸는 일에 심취해 있었다.

초등학교 4학년 말 타 지역으로 전학하였다.

이사를 가더라도 우리 집이 있을 거라 생각했던 나의 생각은 착각이었다.

이사 간 지역에선 남의 집 문간방 셋방살이로 시작하였다.

그곳엔 나의 꽃밭이 없었으므로 꽃 키우는 일은 당연히 중단되었다.

그러다 중학생 때 운이 좋게도 안집(주인집) 화단 중 일부 공간에 꽃을 심고 가꿀 수 있었다. 아니 지금 생각하면 안집 화단이 비어있어 무단 경작을 한 셈이리라.

어디선가 얻어온 이름도 모를 씨앗을 뿌린 자리엔 싹이 자라났고 30cm 길이 정도 크더니 보라색의 예쁜 꽃밭이 형성되었다.

꽃을 보는 일은 매우 뿌듯했고 그 꽃의 안부를 확인하는 일은 나의 중요한 일과 중 하나였다.

어느 날 그렇게 애지중지 키우던 꽃들을 안집 아저씨가 모조리 뽑아버렸으니 당시의 상실감은 50여 년이 지난 지금까지도 남아있다. 그 이후로도 꽃밭은 썰렁한 채 방치되어 있어 아쉬움이 더욱 컸던 것으로 기억된다.

이제 와 생각하니 그 일은 남의 집에 사는 설움 중 하나였을 뿐이다. 아니 엄밀히 따지면 내 땅도 아닌 곳에 꽃을 심은 내가 잘못이었다.

구멍가게로 근근이 생계를 이어가던 우리 가족의 신분은 을 중의 을이었다.

우리에게 세를 준 안집은 갑 중의 슈퍼 갑이었다.

우리 가족 5명에겐 안집 식구들 기분을 상하게 해서는 절대로 안 되는 철칙이 있었다.

엄마는 우리 3남매에게 '이 집에서 쫓겨나지 않기 위해선 그렇게 해야 한다'라고 수시로 주지시켰다.

안집은 상전이었다. 안집의 아이와는 싸워서도 안 되었고 어쩌다 막냇동생이 안집 아들과 싸우고 오는 날이면 어머니가 사과하기 위해 안집으로 불려 가는 날이었다.

우물에 계신 엄마를 만나기 위해 안집 마당으로 들어오던 손님이 늑대만 한 개가 덤벼들어 놀랐어도 안집 아줌마를 놀라게 했다는 이유로 엄마가 불려가 사죄해야만 했었다.

아버지가 안집에 불려 가시는 날이면 온 가족이 불안에 떨어야 했다.

역시나 형편에 맞지 않는 수준의 월세 인상 통보와 그렇지 않을 경우 쫓겨나야 한다는 불안감에 부모님은 밤새 걱정하셨고, 그 걱정은 부모님과 단칸방에서 생활하던 우리 3남매에게 고스란히 전해졌다.

60년대 후반, 70년대 초는 포상노로가 거의 없던 시설이었다.

겨울철에 쌓인 눈이 녹으면 모든 길이 질퍽거렸고 그 길을 걸어 다니면 신발은 흙으로 범벅이 될 수밖에 없었다.

여러 집이 방 한 칸씩 빌려 세를 사는 집에서 화장실은 안집 마당을 돌아

구석에 자리한 재래식 화장실이 유일했다.

어느 겨울날 학교를 마치고 눈 녹은 질퍽한 길을 걸어 귀가하였다. 화장실에 가기 위해 안집 마당(당시엔 시멘트 포장된 마당이 귀했음)에 들어가 몇 걸음 옮긴 순간 갑자기 뒤에서 들리는 고함 소리에 그 자리에 서버렸다.

돌아보니 안집 아저씨가 흙 묻은 신발을 신고 마당에 들어왔다고 화를 내며 당장 물로 마당을 모두 씻어내라며 소리를 지르고 있었다.

중학교 3학년이던 나는 아무 말도 못 하고 안집 아저씨의 폭언을 온전히 겪어내야만 했다.

청소년기의 결핍은 삶의 한 과정

이렇듯 나의 청소년기는 '남의 집 살이'의 설움을 톡톡히 겪어내는 기간이었다.

집이 없어 겪는 설움을 처절하게 겪어내는 부모님의 모습은 한참 예민한 청소년기의 나에게 그대로 전이되었다.

일련의 사건들은 가뜩이나 수줍어 남들에게 인사도 제대로 못 했던 나를 더욱 내성적으로 변하게 했다.

그러나 당시에 다짐했었다.

'나는 나중에 부자가 되더라도 가난한 사람들에게 절대로 함부로 하지 않겠다'라고….

불의를 보면 참지 못하고, 불합리한 행위를 개선하기 위해 노력하고, 사회적 약자의 입장에서 해결하고자 하는 기질은 이때부터 싹 텄던 듯하다.

20여 년간의 시민단체 활동과정에서 성폭력, 가정폭력 피해자의 인권 보호를 위해서, 성 평등사회 실현을 위한 활동과 사회복지 분야 등 후진 양성을 위한 대학에서의 강의, 정책제안 활동들은 사회정의 실현을 위한 가치에 입각하여 활동하였음을 확신한다.

2014년 지방의원 활동을 시작하면서 자치단체 회계의 투명성 확보와 학생들의 학습권과 인권 보호를 위해 불합리한 제도와 행위에 당당히 맞서고 개선을 요구하여 하나하나 성과를 거두어 나갈 수 있었던 데 또한 자부심을 느낀다.

정의로움이라는 가치에 기반을 둔 활동을 할 수 있었던 원동력은 무엇일까 생각해 본다.

결국 어린 시절 어려움은 불합리함에 대해 곰곰이 생각하고, 문제임을 인식하고, 약자의 입장에서 바라보고 생각할 수 있는 감수성을 키우게 된 기회가 되었을 거라 확신한다.

청소년기의 결핍과 어려움은 삶의 한 과정일 뿐 결과는 아님을 확신한다.

다양한 입장에서 바라보고 판단할 수 있는 감수성을 키울 수 있는 좋은 기회일 뿐이라는 사실을 강조하는 바다.

2부

내게 힘이 되어 준
고마우신 분
이야기

"스스로 기적이 돼라"

담덕기산 유재근 직원 대표님

도움을 받은 감동 서랍 1

조금이나마 마음의 빚을 갚으려 서랍을 열 수 있게 되어 감사한 날이다.

60년을 살며 많은 분께 정신적 · 물질적으로 도움을 받은 내겐 감동 서랍이
있다.

큰딸아이가 대학교 2학년 2016년 뮤지컬 미스 사이공의 킴 역할로 공연을
한다고 초대하였다. 대학생들의 공연이지만 주인공이 된 것을 대견해하며 이
소식을 들으면 기뻐해 할 분과 함께 가고 싶어 청하고자 나만의 감사 서랍을
열었다.

서랍을 열자 보물들이 가득한 천국이 열렸다. 천국도 이만큼 아름다울까
싶다.

보는 순간 가슴을 뭉클하게 하며 미소 짓게 하는 누런 봉투 두 개가 눈에 띄었다.

하나는 10년 전 네잎 클로버를 판매하던 시절, 청주에서 유명한 '바람막이'라는 레스토랑 사장님께 산자락이 개발되어 이전한 것을 모르고 보냈던 반송된 성탄 카드다.

빚보증으로 어렵게 됐다는 소리를 들으시곤 가게 손님들에게 반강매하며 매출을 일으켜주셨으며 압화를 하기 위해 네잎클로버 판매를 접는다고 했을 때 전량을 마당에 심어놓고 손님들에게 행운을 찾게 하는 여유로운 시간을 주겠다며 후하게 매입해주셨던 분이다. 귀찮을 수도 있으련만 부탁하는 이에게 언제고 정성스런 마음을 주신 분이다. 부탁할 때보다 베풀 때 정성을 다하고 최선을 다하라는 것을 실천하여 나를 흉내 내며 살 수 있게 해주신 분이다.

도움을 받은 감동 서랍 2

또 하나는 7년 전 큰딸이 고2 때 받아온 장학금 백만 원이 들어 있던 봉투다.

'살면서 힘이 들면 전화하라'며 전화번호를 절대 바꾸지 않겠다시며 전화번호를 직접 적어주셨던 봉투. 본인의 역량을 개발하는 데 쓰라고 준 장학금을 남편 병원비로 달게 쓰며 엄마로서 인사를 하려고 기다리게 하던 봉투다. (남편이 중환자실을 오가던 참으로 어려웠던 시절이었다.) 이미 뭉클뭉클해진 가슴으로 봉투를 집어 들자 눈물이 금방 턱밑에서 주르르 흘렀다.

한참 만에 진정을 하고 소내하고사 전화번호를 누르는데 이게 웬일인가!

이름이 훅~ 떴다. 이미 내가 알고 있던 분이었다.

내게 단 한 번의 선행을 말한 적도 없던 담덕기산 유재근 직원 대표님이었다.

놀라움을 금치 못하며 흐르던 눈물이 뚝 멈춰지더니 이번엔 가슴을 두근두근거리게 했다. 감사함과 고마움, 장하심, 부러움 등 많은 감정이 일어나며 삶이 참으로 살맛 나던 순간이다.

이 세상의 아름다움이 절절히 느껴지는 순간이었다. 봉투의 전화번호와 핸드폰의 담덕기산 유재근 님을 번갈아 보며 한없이 벅차진 가슴을 안았다.

그분은 '전화번호를 절대 바꾸지 않겠다.'며 이름 없이 손수 전화번호만을 적으시는 순간부터 정성을 다하여 베풀고 계셨던 것이다.

바람막이 사장님에 이어 담덕기산 사장님의 실천력은 내 머리를 정화시켰다.

복잡한 생각들이 깨끗이 정리되었다. 이 두 분처럼 살면 되는 것이었다.

신이 났다. 내게, 우리 가족에게 귀한 두 분이 오신 것이다.

전화로 장학금을 받은 안젤라 엄마라고 정중히 인사를 드리며 뵙기를 청했다.

담덕기산 유재근 직원 대표님은 학생 시절 공부하는 게 즐거웠고 할 수 있어서 좋았단다. 고등학교 시절 공부를 꽤 잘했지만 대학 진학은 꿈도 못 꾸며 졸업 후 취직을 하는데 자꾸 미련이 남더란다. 공부할 수 있어서 행복했고 공부를 잘 할 수 있어서 좋았던 대표님은 자신에게 아쉬움을 달래주기로 했단다. 예비고사를 보고 대학교 합격통지서라도 받아보며 위안을 삼고 싶었단다. 혹시 엄마가 융통을 해 주시지 않을까 하는 기대도 못 할 형편이었단다. 대학을 합격한 것으로 만족하고 미련을 떨치며 아무런 동요가 없음을 담임께서 알아채셨단다. '입학금이 없어 대학을 포기한다.'는 제자의 한마디는 담임을 평생 스승으로, 롤모델로 얻게 되는 순간이었단다.

도움을 주는 이가 겸손하고 받는 이가 오히려 당당할 수 있음을 체험하는 순간 본인이 한없이 커지더란다. 제자가 어깨를 당당하게 쭉~ 펼 수 있도록 숙제를 주시며 입학금 받는 손에 스스로에 대한 희망과 기대감도 함께 주셨단다. 자신감이 확 들어오며 이미 저절로 시작되더란다. 투자금을 잘 운용해야겠다는 그날의 다짐이 오늘의 담덕기산 직원 대표를 할 수 있게 했단다.

담임의 숙제는 '훗날 힘든 학생들을 도와라'였다. 담임의 손은, 그 감동은 그를 철인으로 만들며 고단하고 힘든 것을 기쁘고 행복하게 이겨내게 했단다. 돈을 벌어 생활비를 보태야 하는데 대학교를 다니는 것이 부모님께 죄송하여 수많은 알바를 하여 동생들에게 용돈을 주며 본인은 영양실조로 쓰러지기도 하며 대학교를 졸업했단다.

유재근 대표님은 숙제를 제대로 하고 계신다.

그분은 스스로와의 약속을 지키기 위해 일 년 정산 후 일부를 장학금으로 내놓으셨다. 동사무소를 찾아가 장학생을 추천받으며 그들의 생활 정도와 학생의 태도를 듣고 인연이 되는 날 소고기를 실컷 먹게 해주며 그 학생과 식사하며 느낌대로 딱 한 말씀만 하신단다.

그러기 위해서 정작 본인은 가족들의 외식, 자녀들의 학원비, 여행비 등 줄일 수 있는 부분은 최대한 줄이거나 안 했단다. 꽤 큰 회사 대표님이 해외여행을 가본 적이 없단다. 명절만 빼고 출근했으며, 가장 먼저 출근하고 가장 늦게 퇴근하며 직원들과 똑같이 일한단다.

TV에선 술 상무도 있던데 이분은 납품업체 대표와 외부에서 술 접대는커녕 차 한 잔을 한 적도 없단다. 그런데도 몇 년 치씩 납품 선계약이 이뤄지고 있단다. 그 비결을 스스로 성실하고 업체와의 약속은 반드시 지키며 대학입학금이 손에 쥐어지던 날의 다짐은 세월이 지난 지금도 변함이 없단다.

안젤라에게 "무엇을 하면 행복하겠어?" 하셨고 "저는 뮤지컬 배우가 꼭 되고 싶습니다."했다.

여고생에게 한 말씀은

"그래, 안젤라야. 스스로 기적이 돼라"였다.

장학금은 아빠의 병원비로 쓰였지만 안젤라 또한 그 말씀을 하루도 잊은 적이 없단다. 장학재단의 도움으로 등록금을 해결하고 생활비를 위해 지금껏 알바를 벗어나 본 적이 없다. 천 원 이천 원짜리 구제 옷을 입고 예대를 다녔고, 치킨 집 알바 시절 닭을 튀기다 쓰러질 때 앞으로 엎어지지 않고 옆으로 기절해 천만다행이었고, 2시에 퇴근하는데 뒤따라오는 남자에게 도망칠 수도 있었다며 늘 운이 따른다는 딸이다. 많은 학생이 원하는 대학교인 연극영화과에서 알바로 시간이 없음에도 친구들보다 몇 배의 노력을 하여 졸업할 때까지 연 1회의 뮤지컬 공연마다 주인공을 하며 작은 기적을 이루고 있다.

유재근 대표님은 10년 이상 장학금을 내어놓자 이제는 전달받은 학생들이 릴레이를 하고 있단다. '스스로 기적이 돼라'라는 말씀을 들은 고2 여학생이었던 안젤라는 뮤지컬 배우가 되어 정식 직장생활은 어려워 알바를 하고 있지만, 후원단체에 후원하고 있으며 힘든 학생들 마음을 받아주며 강사의 보람도 누리고 있다.

또 다른 학생들도 각자의 방식으로 이 사회에 도움이 되고자 릴레이 중일 것이다.

"꾹꾹 밟은 발자국"

전문상담교사

따스한 공감 눈빛

모 고등학교 전문상담교사로부터 방문하겠다는 전화를 받았다.

서로 연계할 만큼 함께 힘든 학생이 있거나 대안 학생을 위탁하기 위한 사전 조사일 것이다. 약속 시각 전에 키가 크고 편안한 미소를 띤 분이 들어오셔서 순간 내가 멈칫 했다. 상담실이니만큼 지인이 아니고는 처음부터 밝은 얼굴을 하고 들어오는 경우가 많지 않아서였다.

낯설었다.

방문하는 사람의 얼굴 표정이 아니고 맞이하는 사람의 얼굴이었다. 완전 무장해제되어 바로 기분이 좋아지는 분위기가 되었다.

게다가 세련되기까지 한 분이었다.

연구소의 리모델링을 감탄하고 압화 작품 하나하나에 눈을 맞추며 기분 좋게 칭찬해주자 나도 신이 났다. 6.25 피난민 판잣집을 황토를 칠하여 힘든 이들이 편안하게 머물다 가기를 바라는 마음이었다고 자랑하는 순간도 즐거웠다. 그러면서 이 짧은 시간 안에 나는 나 스스로를 대견해 했다. 고백컨대 경제적으로 여유가 없어 애쓴 흔적들이 보이는 리모델링 아닌 리모델링이었음이 보였다. 그분은 그 부분을 높이 강점화 하여 마치 의도한 양 느끼게 하는 놀라운 분이셨다. 기분을 좋아지게 함을 그 자리에서 깨달을 수 있었다.

'나도 칭찬을 해주며 스스로가 자랑스러움을 느끼게 해 주어야겠다'이다. 난 학생들에게, 방문객에게, 함께 대화하던 사람들에게 그렇게 하고 있었나! 뒤돌아보며 자각하고 결심하게 하는 진정 상담사였다.

그러면서 무엇이, 자랑을 하며 스스로를 대견하게 생각되게 했을까를 탐색해봤다.

가슴이 뜨듯해지며 알 수 있었다. 그분의 공감 눈빛이었다. 말하는 대로 똑같이 이해하고 느끼고 있다는 눈빛. 그러자 키도 작고 몸도 약한, 대학 다니는 딸과 보령 황토를 직접 주문하여 며칠간 작업하면서 돈을 절약하기 위해 힘든 것을 참았음을, 딸은 더 힘들었을 텐데 엄마를 돕겠다고 참으며 작업한 것이 떠오르며 눈물이 핑그르르 했다. 애썼다, 수고했다고 자신을 격려하게도 했다. 내담자들에게 공간 자체가 힘이 되길 바람이었던 마음을 고마워지게 하였다.

그분은 그랬다. 짧은 시간에 따스한 눈을 마주하고 계속 "그래서요, 그랬군요." 하며 사람을 무방비하게 하는 마력으로 내면의 선함과 아름다운 마음을 꺼내게 하여 스스로 보게 하였다.

장에 다녀온 엄마께 숙제를 다 해놓은 것을 자랑하듯 대안 학생들이 왔을 때 꽃을 풀어 놓으면 마음을 저절로 열며 내면과 갈등을 이야기하며 본인이 핵심을 알아내는 마력이 있는 것이 압화 치료라고 하자, 꽃이 상담 매체로 쓰일 수 있음에 감동하며 그럴 수밖에 없겠다고 신뢰를 보이며 모르고 왔는데 다행이며 이젠 됐다는 안도감을 표현하셨다. 대안 학생으로 보낼 4명의 학생에 대한 신뢰였다.

그들에게 자극의 매체가 꽃인 것에 대한 만족감으로 한 명 한 명씩 가정환경, 욕구, 갈등원인, 학생에 대한 바람 등을 정성껏 이야기해주었다. 강점과 장점을 이야기할 때는 본인도 신나 하셨다. 학생들 자랑을 한참 듣다 내가 다른 학교로 착각하고 있는 거 같아 말을 끊고 여쭀다. 전화통화 한 분이 아닐 듯싶었다. 내가 알고 있는 학교의 학생들 이미지가 아니었기 때문이다.

"선생님, 실례지만 어느 학교에서 오셨지요?" 하자

"00학교입니다" 했다.

편안한 미소를 머금고 들어와 멈짓 하게 하시더니 이번엔 당황스러웠다.

그 학교 선생님이 이렇게 말씀하시다니 학부모 한 명으로서 한없이 고마웠다. 아무리 학생들의 예쁜 모습과 가능성이 먼저 보이는 분이라 해도 '제가 들은 것과는 너무 달라 잠시 다른 학교 교사인 줄 알았다'라고 하자, 그런 이미지를 갖고 있을 수 있는 마음까지도 공감해 주셨다.

"저도 상담교사로 합격하자 내가 도움이 될 수 있는 학교로 내신을 냈고, 그곳으로 발령이 나자 마음을 단단히 준비하고 갔는데 얼마 지나지 않아 부끄러웠습니다. 내가 학생들을 챙기는 게 아니라 오히려 챙김을 받았어요." 했다.

"서로 마주하면 그 아이들은 먼저 마음을 열었고, 가려운 부분을 알아주었어요. 내가 무엇을 원하는지 눈으로 입으로 전해주었어요." 본인들이 힘들어 봐서 의리가 있고 위안을 줄 수 있는 마음에 자리가 형성되어 있다고 했다. 본인은 학생들의 그 마음을 읽어만 주면 된다고 했다.

(이 책을 통하여 전국 각 학교에 계신 상담 선생님들께 감사함을 표합니다.)

행복한 학교를 만드는 선생님

요즘 학교들이 몸살을 앓고 있다. 특히 가해자가 피해자가 되는 학교폭력 사안과 무기력 및 자기중심적인 사고로 관계와 환경에 부적응하여 학교를 떠나고 있는 학생들이 점점 늘고 있어 걱정이었다. 이 전문상담교사는 학생과 학생을, 학생과 교사 간의 유대를 강화하고 학교를 '행복한 환경'으로 만드는 교사 중의 한 분이 되겠음이 보였다. 아니 하고 계셨다.

말씀을 어찌나 경쾌하게도 하시던지 전문상담교사가 된 계기를 청했다.

대학 졸업 후 과학 기간제 교사를 하며 임용고시에 응시했으나 번번이 떨어졌다. 작은 점수 차로 떨어져 조금만 더하면 붙을 것 같은 미련을 버릴 수가 없었다고 했다. 공부를 한 시간이 아깝고 학교에 너무 가고 싶어서 기간제 교사를 신청했다고 한다. 다행히도 원하는 학교에서 기간제 교사를 해온 것에 위안 삼으며 시간이 흘러갔다. 기간제 교사를 하며 힘든 아이들이 보이면 상담도 해주며 그 아이들이 안정을 찾고 자신 있게 행동하는 것을 보며 보람을 느끼고 고마웠다. 친구를 도와주고 싶어 상담을 요청하는 아이들도 있었으며 점점 눈에 들어오는 아이들이 많아지자 더 잘 제대로 도와주고 싶어 상담 전공 서적을 구매하여 배우고 익혀 알려주고 활용하였다. 그런데 이게 웬일인가? 학생을 돌려 보내놓고 나면 아쉬움이 생겼고 상담공부도 하면 할수록 부족함과 갈증이 생겼다. 고민도 됐다. 섣부른 무당이 사람 잡는 게 아닌가? 조심하기도 하고 고민도 되었다. 마침내 결심하였다. 힘든 아이들은 보이고 그들에게 그들 자신이 얼마나 멋진 사람인지를 깨우쳐 주기 위해서는 정식으로 공부하기로 하고 마침내는 심리상담 석사를 하게 됐다.

점점 안 보이던 것들이 보이고 학생들을 이해하는 폭이 커지며 이제는 그들도 어찌해야 할지 몰라 하는 것에 같이 들어가 헤쳐 봤다. 가장 기억에 있는 학생은 미래를 기다리지 않고 스스로 건설해보겠다고 한 학생이다. 학교에 앉아 있으면 숨이 막혀온단다. 턱까지 차 있는 계획 및 실현 가능한 것들을 시작하기 위해서는 안락한 이 불편한 환경이 아니라고 실천해야 한다고 조바심을 냈던 학생이다.

많은 시간 상담 끝에 본인이 알아냈다. 열심히 일해서 편안을 누리고 싶음이 진정 원하는 자신의 삶인데 이혼 후 자녀를 위해 식당에서 일하며 허리가 아프신 엄마를 보는 게 힘이 든 아이였다. 현재 엄마가 진정 원하시는 것 중 할 수 있는 것을 노력하며 힘듦을 기쁨으로 바꿔드리자 책가방에서 옷이 나오고 책을 넣고 다닌 학생이다.

그러던 몇 년 전 해마다 신청하는 기간제 교사 원서를 넣었고 늘 1지망 학교에 합격되어 그 해도 1지망만 지원했다. 그런데 이게 웬일인가? 젊은 남자 선생님에게 밀려 1지망에 탈락하고 말았다. 2, 3차 지망을 해야 했는데 안 했으니 아쉽지만 1년을 쉬어야 했다. 여러 생각이 들었다. 기간제 교사로서의 장점과 단점이, 하나 둘 자신을 찾던 학생들이 주마등처럼 스치며 임용고시로부터 안일해 있는 자신을 발견했다. 원하던 학교를 내가 원한다고 해서 근무할 수 없었던 계약직의 상황을 절실히 느꼈던 해였고 성교사 아닌 기간제 교사로서 나이 들어감이 불편해지던 차였다.

상상치도 못한 탈락에 당황스럽고 우울해하는 자신에게 친하게 지내던 교사 한 분이 차를 사주시며 진지하게 위로 겸 직언을 해주셨다. 아이들을 유난히 좋아하고 심리상담 석사도 했으니 차라리 전문상담교사 시험을 보는 게 어떻겠냐고 했다. 오랜 기간 공부를 해서인지 전문상담교사 시험은 높은 점수로 합격했다. 지금껏 공부했고 행하던 것들을 평가받음 같아 스스로 위로도 했다.

어제의 내가 오늘의 나고, 오늘의 내가 내일의 나라는 말과 함께 내가 밟고 다닌 곳에 길이 생긴다는 말을 절감했다. 진정 힘든 아이들에게 힘이 되고 싶어 시작한 공부가 13년 이상 꿈꾸던 정교사가 되게 해주었다.

힘든 아이들이 본인의 꿈을 이뤄줬으니 그들을 위해 살아야 한단다.

본인의 삶에 학생들이 들어와 삶을 빛내준단다.

그들 덕분에 산단다. 세상을 살맛 나게 해주시는 분이다.

그토록 원하던 자격증의 힘은 컸다. 늘 조심스러움을 안은 채 맡겨진 일을 해오던 것들을 이제는 자신감으로 일을 만들고 밀고 나가니 성장하는 아이들을 보는 기쁨이 종종 생겼다. 아이들이 다가오면 마음을 그대로 받아 푹 안아준다. 안기기만 하면 그 안에서 그들은 스스로 커서 나갔다.

그런 기대주를 네 명이나 품고 오셔서 그리도 당당하신 거였다.

맡기고 가셔서 고맙다.

"괜찮지 않아도 괜찮아"

유치원 원장

훌륭한 나의 스승님

○○○원장님은 압화 심리상담사 2기이며 유치원 원장이다. 이보다 통이 클 수 있을까 싶을 정도로 마음과 시간과 돈을 제대로 써서 부러운 분이다. 그분의 눈엔 없는 사람들이 보이고 그들을 위해 할 수 있는 영역이 보이고 해야 하는 만큼보다 더 행하는 훌륭한 나의 스승님이기도 하다.

대학교 졸업 후 어린이집 교사로 있으며 아이들 바라봄이 성장 가능성에 대한 기대와 희망을 주어 천직이었다. 이리힌 공간에서 오롯이 아이들과 생활하며 각자가 예쁘게 자기 몫을 본능적으로 해내는 모습을 보며 즐거웠고 학부모들에게 아이를 칭찬하는 시간은 축복의 시간으로 서로 신이 났다. 그러나 다 그런 것만은 아니었기에 그 공간이 더욱 소중했다. 그 사랑이 넘치는 공간에도 부모로부터 친구로부터 외면받는 아이도 있었다. 그 아이들이 눈에 들어와 사랑을 줄 수 있어 보람됐다. 그땐 몰랐다. 그 아이들에게 마음이 더 가는 이유를…. 매일 매일 최선을 다하는 모습은 다른 교사들 눈에도 띄었단다. 규모가 꽤 큰 모 유치원이 불의의 사고로 폐업해야 했을 때 많은 선생님이 동료 교사임에도 원장을 해보라고 권유했다. 아직 젊지만 품이 큰 유치원 교사는 이미 동료들 눈에 유치원 원장이셨다. 아직 신혼이고 경제적 여유도 없었지만 자금을 마련하여 얼떨결에 유치원을 인수받아 운영하며 지금까지 젖 먹던 힘을 다하여 노력하고 있다. 아이는 엄마가 키워야 한다고 겨우 걷던 딸아이를 원장실에 혼자 놀게 문을 닫아두고 6세 반에 들어가 수업도 직접 했다. 지금은 여고생이 된 엄마 바라기가 된 그 딸을 엄마는 안쓰럽고 미안하여 이불 속에 들어가 안아주곤 한다. 유치원이라는 교육사업체를 얼떨결에 맡아 운영하게 됐지만 구원의 콤플렉스를 실현하는 시작이 됐다.

밖에서 놀기에 너무도 좋은 날씨의 초등학교 2학년 어느 날, 농사일이 많았던 엄마는 집에서 학교 숙제 다 하면 남동생을 데리고 있으라고 맡기시고 밭일을 가셨다. 친구들과 물놀이를 하기로 이미 약속되어 있다고 했지만 엄마는 일언지하에 '동생 돌봐야지 무슨 물놀이야' 하셨다. 동생을 설득하여 물놀이를 하고 고기도 잡자고 물동이를 들고 강가로 갔다. 강가에 가니 이미 친구들은 놀고 있었다. 동생에겐 자갈들을 가지고 물이 조금만 흐르는 바닥에서 놀게 하고 친구들과 정신없이 놀았다. 그때도 친구들을 몰고 다녔기에 금방 한 팀이 되어 미션을 수행하며 얼마나 신나게 놀았을까? 배가 고파왔고 해도 뉘엿뉘엿 지고 있었다. 각자 헤어지기로 하여 친구들은 집으로 돌아갔고 나도 집으로 가려고 동생을 찾았다.

해는 지고 있고 동생이 없어 집으로 먼저 간 줄 알고 달려가며 동생이 고자질하면 불호령 떨어지겠다, 어쩌나, 걱정이 앞섰다.

부모님은 아직 밭에서 안 오셔서 공부하는 척도 해야겠다며 동생을 큰 소리로 불렀다. 없었다. 씩씩거리며 동네 한 바퀴를 다 돌아도 없자 화가 났고 찾기만 해 봐 하며 동생 친구들 집을 찾아다녔다. 동생은 어디에도 없었다.

드디어 겁이 났다. 누나 하고 금방 들어올 것 같아 대문만 바라보니 엄마가 오셨다.

깜깜해서 풀인지 채소인지 구별이 안 갈 만큼 깜깜할 때 오셨다.

그 이후 기억이 흐릿하길 바라지만 너무도 또렷하여 떠올리지 않으려 할 뿐 있었다.

분별력만 있었어도…!

동생이 없어진 것을 안 순간, 강 주변을 찾아보든가 엄마께 바로 도움을 청했더라면, 온 동네가 한집 일처럼 뭉쳐 동네와 강가가 떠들썩하지는 않았겠고, 모두가 잠들지 못하는 밤은 아니있을 것이나.

칠흑 같은 어둠 속에서 동생을 찾을 수는 없어 날이 밝아오자 오히려 멀지 않은 강가에서 찾았다는 동생을 엄마와 가슴에 묻었다.

세월이 가면 잊힌다는 말은 거짓말이다. 잊힐 수 있는 것만 잊힌다.

엄마의 핏기 없이 넋 나간 얼굴을 책임지기 위해 살기로 했다.

내 동생 같은 아이들

뉘엿뉘엿 넘어가는 저녁나절을 싫어해 하늘을 쳐다보지도 않고, 묻거나 상의할 일이 있으면 미루지 않고 바로바로 처리하여 실천력이 좋은 사람이 됐다.

유치원 아이들이 곧 동생이었다. 때때로 길을 잃으면 초2와 6살 동생으로 돌아가 해결하면 만족스럽고 흐뭇한 결과를 맺었다. 동생 계산법으로 하면 대가가 큰 만큼 매회 감사하게 해결된다. 결혼 후 아이를 네 명 낳았고 네 명의 서열을 확실히 했다. 동생은 형을 따르고 형에겐 책임을 지웠다. 그래서 맏이의 권력이 엄마 아빠보다 크다. 그러면서 맏이로서 버거울 것을 잘 알아 원하는 모든 것 이상을 해준다. 지금은 대학생인 딸도 어렴풋이 엄마 마음을 알아주어 동생을 다독이고, 친구에게도 도움이 되고자 솔선수범하며 각각의 성장을 위해 작은 고통은 참아내게 하는 지도력도 발휘하고 있어 미더운 딸이다.

유치원 아이들에게도 마찬가지다. 나이 순은 중요하고 교사들은 아이들에게 철저히 그 욕구를 다 들어줄 수 있게 섬세하게 관찰하고 최고 대우를 해주며 '자존감 높고 당당한 아이'를 교육의 기본으로 삼는다. 선배들은 동생들을 보살피게 하고 말을 들어주는 연습을 시키고 '그랬구나.' 추임새를 쓰게도 한다. 대학원에서 아동복지를 공부하며 모래 놀이 치료실을 만들어 아이들과 학부모님께 활용하고 있다.

알고 있다. 이 구원의 콤플렉스의 힘이 얼마나 센지. 중풍으로 쓰러진 지 5년이 된 엄마도 6살 보살필 어린아이다.

엄마는 자녀를 제대로 돌보지 못한 죄책감으로, 초2학년생은 동생을 잃은 죄책감으로 거리감을 느낌과 동시에 귀함으로 서로를 위하여 몸이 부서져라, 일했다. 잊으려고 일 속에 파묻혀 사는 부모님이 안타깝고 죄스러워 많은 것을 스스로 감내하며 철이 들고 성장했다. 한 명 남은 동생을 보살펴야 했고 엄마의 고단함을 눈으로 보며 못 하는 게 없는 만능인이 되었다. 5학년 때부터 밥을 했고 중학생부터는 아침밥을 해서 부모님을 드시게 했고 도시락도 싸갔다. 엄마 앞에서는 어떠한 것도 못 할 게 없었다. 그것은 서로의 격려요, 사랑이요, 죄송함이요, 감시함이었다. 엄마의 격려는 온전한 '나'로 살지 않은 딸을 서서히 일으켰다. '지금 하는 것도 충분하니 더 잘하려 하지 말라.' 하며 자신감을 키워주셨고 못 하는 것은 이유가 있을 거라며 시작하는 것 또한 종용하지 않고 기다려주셨다. 위축되어 있는 딸을 안쓰럽게 바라봐주는 엄마의 사랑을 충분히 받아 넘치자 그의 따스함도 자신감도 실천력도 발현되어 사랑 많은 사람으로, 자신감 있는 사람으로, 도움이 필요한 곳에는 실천하는 사람으로 살고 있음은 부모님 덕분이다.

그렇게 2학년 소녀는 유치원장이 되어 남녀노소 그의 곁에 있으면 본래의 모습을 지키게 하는 마력을 부린다.

딸도 책임감이 몸에 배어 반장을 맡아 하고 기숙사 생활도 잘 하고 있다.

베풀고 돈을 제대로 쓰게 어릴 적부터 교육하여 어딜 내놔도 든든한 딸이다.

큰딸은 때때로 엄마에게 질문한다.

'친구가 ~땐 어떤 조언을 해야 하는지'에 대해 궁금해하면 간단명료하게 답해준다.

'그 아이 장점 또는 네가 배울 점이 무엇이야~'라고.

딸은 리더십이 있고 적극적인 면이 있어 친구를 바라보는 시각도 긍정적이다.

'지금 말한 것을 그대로 친구에게 해. 그리고 부럽다고 해.'

하루는 원장님이 자랑하러 오셨다.

"소장님, 어제 딸에게 평생 받을 효도를 다 받았어요." 했다.

고3 반장이고 배려가 몸에 배고 열심히 공부하여 성적이 좋고 분별력 있는 든든한 딸아이 얘기였다.

며칠 전 연구소에 본인이 쓴 시를 가져와서 시화 작품을 압화로 꾸며 완성해 갔는데 잊고 등교해 엄마가 교무실로 접수를 하러 갔다. 처음 들어가 본 교무실이어서 우물쭈물하고 있는데 담당교사가 출품자 이름을 물어 딸 이름을 말하자 놀라운 일이 벌어졌다. 아니 너무도 감동적인 순간이었다.

평생 잊히지 않을 장면이 눈앞에서 일어났다.

교무실에 앉아 일을 보고 계셨던 선생님들이 딸아이 엄마라는 소리를 듣고 한 분도 빠짐없이 모두 자리에서 일어서셨다고 했다. 갑자기 일어난 일로 당황해하기도 전, 한 분씩 돌아가며 딸아이를 칭찬하는 말씀을 해주셨다고 했다.

‘예의 바르다’, ‘열심히 한다’, ‘붙임성이 좋다’, ‘끝까지 한다.’, ‘늘 함께하려 한다.’, ‘00이 질문이 끝나야 수업이 마무리됩니다.’ 등등의 칭찬 중 황송한 것은 ‘00이가 엄마의 성품을 닮았나 봅니다.’였다.

참 많은 관심 속에서 살았다. 주변에서 더 안쓰러워하는 말을 듣고 자라며 얼마나 애쓰며 살았던가. 그분들께 ‘나 괜찮으니 괜찮아요.’ 할 수도 없었다. 앞으로도 쭉 그렇다. 그런데 나의 과거를 모르는 선생님들이 한 분도 빠짐없이 모두 일어서서 해주신 말씀들에서 지금까지 살아온 모든 날이 위로받은 듯했단다. 이제는 내 과거를 아는 이들에게 “이젠 괜찮아요…” 해도 되지 않을까?

사랑이 넘치는 엄마의 품에서 자란 딸은 엄마를 따라 했을 것이고 그렇게 할 것이디.

사람은 원하는 대로 행동도 한다.

2부

제4장

부모들이여, 이 책을 들어라

엄마들이여, 이 책을 들어라

01

모 고등학교 '꽃잎으로 나 세우기' 1학년 집단상담 5회기 중 마지막 시간은 감동의 연속이었다. 첫 회기엔 스스로들 밀리고 밀려서 온 학교라고 생각하는 학생들이 몇 명 있던 집단이 강사의 진심을 보자 나름 참여하였고 회기가 진행될수록 마음을 열며 타인을 수용했다. 집단원의 역동만큼 작품의 완성도가 좋아지고 성취감으로 자존감도 향상되고 우울감도 낮아지며 만족감으로 마음들이 활짝 열려 이야기를 술술 하기 시작했다.

공감받고 공감하며 지지받고 지지했다.

회기 마지막 시간 소감을 일찌감치 시작했다. 마음을 툭 터놓기를 바라며.

하고 싶은 사람 먼저 발표를 하는데 세 번째 즈음 키도 덩치도 큰 아이가 8명의 집단원들 앞에서 이제는 말해야겠다는 눈으로 "저도 할 말이 있어요." 했다. 평소에도 참여의식이 있는 학생이었는데 진지하고 단호하게 말하자 시선이 집중되었다. 본인은 초등 4학년까지 주도적이었으며 학교생활과 친구들과 잘 어울리며 즐거웠고 미래는 희망찼다며 입을 열었다.

노력하는 학생이었다. 특히 운동을 좋아해 눈에 띄었다. 엄마가 안 계셔서 자발적으로 하다 보니 늘 친구들을 몰고 다녔고 친구들도 따랐다. 그런 중에 왠지 불편한 샌님 친구 한 명이 있었다. 인기를 유지하려고 다른 친구들이 눈치 못 채게 은근히 따돌렸다. 눈치를 챈 거 같은데도 그 친구는 늘 옆에 있었다.

하루는 하굣길에 그 친구가 뒤따라오는 것을 느꼈지만, 모르는 척하며 이 런저런 생각을 하며 차도를 건너고 있는데 그 친구가 갑자기 확 밀쳐 픽 하고 심하게 넘어졌다.

정말, 정말이지 순식간에 벌어진 일이었다.

생기지 말았어야 한 일이다.

지금 생각해도 있을 수 없는 일, 있어서는 안 되는 일이었다.

친구가 등을 너무 세게 밀쳐 넘어짐과 동시에 차가 끽 서는 긴박한 소리도 들렸다.

너무나도 얼떨결에 넘어진 채 반사적으로 뒤를 보니 친구가 차에 치여 널 브러져 있었다. 그 친구는 날 밀쳐내고 자신이 차에 치인 것이다.

그 날 이후 사는 게 아니었다.

도저히 살 수가 없었다.

아무런 생각을 할 수가 없었다.

깁스를 할 만큼 꽤 많이 다친 무릎의 통증과 아픔은 없었다.

손으로 밀쳐낸 등짝의 감각을 전부로 알고 살았다.

마음 둘 데가 없어 허공을 붕붕 떠다녔다.

늘 옆에 있을 땐 몰랐던 그 친구가 따라다니지 않으니 허전하기가 이를 데 없었다.

며칠 후 중환자실에 있는 친구를 면회하러 갔다.

친구보다 달려 있는 기계들이 더 무서웠다.

친구가 말했다.

"나 너 좋아했어." 그 친구의 유언이었다.

그 친구가 떠날 때야 나는 마주 보며 옆에 있었다.

나 대신 죽은 친구, 날 좋아했다는 말을 유언으로 한 친구는 외아들이었다.

시간이 지날수록 도저히 살 수가 없었다.

매일 매일 가슴이 조여 오고 숨이 턱턱 막혀 살 수가 없어 아파트 옥상을 찾아다녔다. 어느 날 열린 옥상 문을 발견하고 들어가며 깊은 한숨이 쉬어졌다.

드디어 그 날이었다.

15층 옥상 난간에서 내려다보이는 아파트 주차장은 가까이 있었고 편안했다.

서두르지 않고 편안하고 당당히 난간을 넘어 한 발을 든 순간, 번개가 치듯 찌릿하며

친구가 날 위해 희생했는데 내가 죽는 게 맞니? 하더란다.

친구 엄마께 아들이 되어야겠다는 결심을 하며 난간을 넘어왔다.

난간을 넘어 옥상에서 걸어 내려오긴 했는데 어찌해야 할지 몰랐다. 결심을 굳게 했음에도 겁이 났다. 다가갈 용기를 못 내었다. 옥상을 찾아다니는 순간에는 오히려 마음이 담담하고 숙제를 빨리 끝내는 마음이었는데 친구 엄마께 가서 고백하는 일은 할 수가 없더란다. 고백했는지 묻지는 못했다.

이 겁나는 마음을 얘기하고 위로받을 사람이 없었다. 엄마가 안 계신 것이 참으로 원망스러웠고 아버지껜 말을 못 했다. 힘들고 무섭고 버거운 마음이 혼자 이겨내지지 않았다. 친구들에게도 친구 죽인 놈이라고 비난받을까 봐 오롯이 혼자 앓아야 했다.

그날 이후 즐거운 날도 희망찬 미래도 없었다.

친구 몫만큼 잘 살아야 한다는 부담은 오히려 무기력증으로 자리 잡았다.

옥상은 올라가지 않았지만, 정신적 고통으로 자학해야만 그래도 살 만했고 먹는 것과 게임으로 묻고 살았단다.

초4 때 생긴 이 일을 오늘 처음 이야기한다고 하였다.

우리 집단원은 모두가 자기 자신을 투사해 애썼다, 고맙다, 미안했다, 힘내자, 내가 옆에 있겠다 등 애정을 퍼부어 주었다.

옥상에서 내려오는 진정한 용기를 내주어 고맙다며 격려하고, 긴 세월 애쓴 친구에게 공감과 지지를 보내며 감정을 추스르고 있는데 바로 또 한 명이 "저도 이야기하겠습니다." 했다.

자존감 검사에서 자존감이 낮았던 학생으로 귀퉁이에 손톱보다 작게 자신을 그려서 특히 많은 애정을 쏟아 부운 학생이었다. 사후 검사에도 하단에서 상단으로만 올라갔을 뿐 역시 손톱 안에 들어올 만하게 표현하여

"가운데 크게 시원하게 그리면 어떨까?" 하니

"전 이게 편해요" 하여 자책하고 있던 터였다.

이 학생은 너무도 놀라운 이야기를 하였다.

오랜 상담을 하며 들은 이야기 중 수위가 가장 높은, 청소년 학생이 격을 수 없는 겪어서는 안 되는 이야기를 했다.

우리 집단 원은 두 번째 이야기한 학생을 공감도 위로도 할 수 없었다. 어떠한 말로도 위로가 될 수 없을 거 같아 옆에 앉았던 친구는 손을 가만히 꼭 잡아주고 한 친구는 울먹이며 마음을 전했다. "우리를 믿고 마음을 열고 깊숙이 있던 말을 해주어 고맙다"고,

다른 친구는 이런 진정한 존중을 처음 받아본다고,

또 한 친구는 믿고 이야기해주어 고맙다고,

또 한 친구는 다 같이 힘내자고,

또 한 친구는 네 옆에 있겠다고 진심들을 전했다.

그러면서 아픔을 함께하는 것이 서로에게 전해졌다. 조용했지만 무겁지 않았고 눈빛에서는 온기가 나와 훈훈한 장이었다.

그 자리에 은총이 함께함을 모두 느끼고 있었다. 아픔을 이야기했지만, 말하는 학생도 듣는 집단 원들도 축복된 시간이었다. 기적이 일고 있었다. 주위

를 돌아보며 위로하고 격려하며 그 두 학생은 엄마와 같이 살고 있지는 않지
만 더는 혼자가 아니었다.

그 아이들은 알았을 것이다.

진심을 다하면 결코 혼자가 아님을.

진심 앞에는 진심만 존재했다.

부모들이여,
제발 아이들 손을
놓지 마세요

빨간 머리 앤처럼 빨간 머리를 길게 딴 아가씨가 들어왔다.

속눈썹을 붙이고 립스틱을 짙게 바르고 키가 크며 통통했다. 너무 조심스러워서 분위기를 흐트러트리려 너스레를 떨며 앉았다.

쉽게 보여주지 않겠음이 읽혔다.

많은 사람을 만나며 알게 되었다. 누구나 성장하고 싶어 문을 열고 들어오고 스스로 맘을 먹으며, 원하는 대로 자신을 찾아가더라는 것, 단지 시간이 빠르고 늦을 뿐인 것을.

자리도 잡았고 그냥 갈 것 같지는 않은데 오랫동안 아무런 말도 하지 않고 있었다.

내 얘기를 시작했다.

아버지가 무서워서 돌아가실 때까지 대화를 주거니 받거니 한 적이 없고 임종 때까지도 죄송한 마음도 감사한 마음도 끝내 전하지 못하여 죽으면 아버지를 어찌 만날지 걱정인 이야기.

아버지가 돌아가셔서 엄마가 재혼하셨는데 맏딸인 내게 상의, 동의도 없어 서운한 이야기.

중학교 1학년 때 영어 선생님이 몇 명을 뽑아 특강을 시키셨는데 그곳에 속하지 못해 자존감이 낮아지기 시작한 이야기.

가정시간에 듣고 싶은 칭찬이 뜨개질 잘한다는 소리가 아니고 과제 겉표지에 독특하게 쓴 레이스 뜨기라는 창의적인 글씨체에 대한 피드백으로 "글씨는 잘 썼네!"라는 칭찬이라도 듣고 싶었는데 끝내 못 들어 서운했던 이야기 등 스스로 가치 있음을 못 느끼며 보낸 청소년기 이야기로 너스레를 떨었다. 그래도 내담자는 무장이 해제되지 않았다. 그렇다면 백전백승힐 나만의 사례를 풀 때가 된 것이다.

무서운 엄마 때문에 고운 성품을 가진 아들이 힘들었던 이야기를 하면 누구나 마음을 연다. 적나라한 이야기를 하고 그 아들이 때때로 선생님도 되어 준다고 했다.

"웅아, 오늘 대안 아이들이 와서 자퇴하겠다는 것을 확고히 하면 어쩌지?" 조언을 구하면 "엄마, 버티라고 하세요."

"버티면 뭐가 좋아요! 라고 되물으면 뭐라고 해?" 하면

"안 버틴 것보다 나아라고 하세요."

'안 버틴 것보다 나아'라는 말은 내가 최고로 꼽는 멋지고 훌륭한 말이다.

해낸 사람만이 할 수 있는 말이기 때문이다. 그 힘든 과정을 이겨내는 과정을 지켜본 터라 어느 누구도 이겨 낼 힘이 있음을 믿는다고 하자 역시 말문을 열었다.

트랜스젠더였다.

성전환 수술을 앞두고 도저히 마음을 잡을 수가 없어 온 것이었다. 어떻게 해야 할지 아무리 생각해도 모르겠단다.

보육원에서 삼 형제는 살았다. 6살, 4살, 1살 때부터다.

그는 지금도 엄마를 너무도 또렷이 기억한다. 어디서 만나도 금방 알아볼 수 있다고 했다. 어찌 그 엄마 얼굴을 잊으랴~ 내가 기억을 못 하면 찾을 수 없어 기억하고 기억해두었단다.

동생 둘은 입양될 기회가 많았지만 셋이 절대 떨어질 수 없다며 서로서로 의지하며 지냈다. 동생들을 공부도 열심히 시키고 책도 읽혔지만, 맏형으로서 엄마가 꼭 오실 거라는 희망과 안 오시면 어쩌나 하는 불안으로 아무것도 할 수 없었다.

중학생이 되면서 엄마가 데리러 올 것은 포기했다. 보육원 앞에 나와 어린 동생들을 놓고 엄마가 금방 올 테니 잠깐만 기다리라고 하곤 오지 않은 엄마를 15년 기다리며 뭉개진 마음을 그대로 묶어 두었다. 문 앞에 놓고 가며 생일 적은 쪽지조차 없어 삼 형제는 생일도 같은 날이 되었다.

세월이 가도 변하지 않는 것이 있었다.

출생에 대한 궁금증이다.

엄마 아빠 어떤 분이셨을지 정체성을 고민하고, 두고 간 후 한 번도 나타나지 않은 엄마를 원망하고 아파하고 처절하게 그리워하면서 끝내 미련을 버릴 수 없는 셋은 이런저런 추측으로 허상의 부모를 만들었다. 동생들은 돈을 많이 벌어 데리러 오시려고 늦어지며 멋쟁이 엄마 아빠는 성격도 따듯해 넷이 만나기만 하면 금방 알콩달콩 살게 되며, 우리에게 미안하여 더 잘 해줄 것이고, 좋은 집에서 맛있는 것도 눈치 안 보고 실컷 먹을 수 있을 것이라고 긍정적으로 부모상을 그렸는데, 맏형은 그것이 도저히 안 되었다. 동생이 꿈을 꾸면 TV에서 성공한 엄마가 데리러 오는 모습을 떠올리며 맞장구만 쳐 주었다. 슬그머니 기대도 해보았다. 그러나 낮엔 활동하며 잊을 수도 있는데 어두워지고 밤에 잠자리에 들려면 지옥이었다. 오만가지 생각으로 나이가 들어가는 것이 겁이 났고 성인이 되어 독립 후 걱정과 불안으로 부모님 원망이 넘쳐 저주를 하다 깜짝 놀라곤 했다. 그 저주가 정말 못 데리러 오시게 하면 어쩌려고 얼른 고개를 절레절레 흔들어 날려 보냈다. 그러면서 기대감이 점점 없어지고 허전함과 공포처럼 밀려오는 미래에 대한 부담은 공허로 가슴을 뻥 뚫어 놓았다. 그래서 희노애락의 감정을 모른다. 그냥 사육되었다.

남녀공학 중학교에 다녔다.

머릿속이 복잡하니 오히려 생각이 없는 사람처럼 단순하기 그지없었다. '몰라' '아니'만 하면 만사형통이었다. 늘 허공을 떠돌며 친구들 옆에 다가가 서 있지 못하고 어울리고 활동하는 것이 귀찮으며 자리 벗어나는 것을 싫어

했다. 자리가 정해지면 붙박이가 된 것 같은 행동이 상담을 하며 트라우마가 된 것을 알게 됐다. 귀찮아서가 아니었다. 엄마가 "이 자리에 가만히 있어" 하신 말씀, 그래서 자리를 벗어나면 엄마가 못 찾아오면 어쩌나 하는 것이 트라우마가 된 것이었다. 점심시간에도 내내 자리를 지키다 친구들이 돌아오면 혼자 밥을 먹으러 갔고 왕따 아닌 왕따가 되어 있었다. 내 행동은 생각지 못하고 왕따가 된 것에 친구들을 원망하고 억울해했다. 왜 나를 이해해 주는 친구가 없을까? 내 옆에 와서 함께 놀아주면 안 되니? 내가 찾아가려 하지 않고 다가와 주기만을 기다리니 점점 더 비관적이고 작아지고 억울한 감정도 커져만 갔다. 내가 더 밝고 적극적이라면, 친구들과 어울리면 왕따를 당하는 일은 없었을 거라는 생각은 하지 않고 실천하지 못한 채 울분은 공허한 가슴에 높게만 쌓아졌다.

그렇게 힘들어 우울증이 심해지고 있을 때 다가와 준 친구들이 있었다. 여자 친구들이 다가와 주었고 그런 친구가 고마워서 내가 노력하였다. 절친으로 의지하며 그 친구들마저 잃을 수는 없다는 마음으로 어울리며 뜨개질도 하며 조용히 앉아서 이런저런 이야기하는 것도 즐거웠다. 중학교 친구는 고등학교까지 이어지며 무난한 학교생활을 하고 내 마음의 공허함이 조금씩 따스함으로 채워가고 있을 때 이번엔 둘째 동생에게 사춘기가 왔다. 학교를 결석하며 일진 친구들과 어울리고 나의 말은 먹히지 않았다. 샌님이 우리 세계를 어찌 알겠냐며 비아냥거리고 술 담배 가출을 일삼았다. 죄책감까지 가중됐다. 나의 힘듦에 묻혀 있느라 동생에 대한 의무와 관심과 사랑을 잊고 있던 것이다. 나도 엄마의 존재가 필요하고 절실한데 어쩌란 거야 하며 원망에 사로잡혀 사랑하고 소중한 동생 하나를 건사하지 못하는 무능한 자신을 학대했다. 동생이 출석 일수 부족으로 중학교 졸업을 못 할 상황이 됨도 모르고 있었다. 나는 기차도 들 수 있는 엄마의 힘을 형으로서도 발휘하여 책임을 다하고자 동생 학교에 가서 선생님께 매일 사정하였다. 할 수 있는 정성 들이기로 학교를 매일 찾아가자 선생님은 내가 찾아간 만큼의 날짜를 출석으로 인정해주셔서 졸업장을 받을 수 있게 되었다. 동생의 일을 해결할 수 있었음은 함께하며 힘이 되어준 여자 친구들이 있었기 때문이다. 너무 힘든 상황에 도와준 그들에게 필요한 존재가 되기 위해 힘들고 귀찮은 일을 도맡아 하며 팀의 일원이 되고자 했다.

그런데 이게 웬일인가!

기분이 좋아지며 존재감이 생기고 그 자리가 편안해지며 어느 날부터인가 내가 잘못된 성으로 태어난 것이 아닌지 의심이 가기 시작했다.

의심이 들어오며 일련의 일들을 떠올려 보니 더 확실하다는 생각이 들며 확인하기 위해 여자 친구와 밀접해 봐도 성적으로 변화가 없자 확신이 들었다. 남자보다 여자로 사는 것을 그려보니 더 편안하고 삶의 무게와 부담도 없어지며 미래에 대한 기대감까지 생겼다. 이미 진행하고 있던 터라 환경적으로는 무리가 없었고 마음까지 결심하자 편해졌다. 마음의 정리는 무리 없이 술술 신행되었고 여자로 살기 위해 학교를 사퇴하였다. 인터넷으로 정보를 얻으며 서울 이태원으로 가서 아르바이트를 시작했다. 성이 다른 모습으로 거듭나려 하자 할 것들이 많아지며 그땐 그것이 활력이고 설렘이었다. 계획과 목표, 그리고 하나씩 실천하고 취함은 지금껏 무의미, 희망 없음으로 살아온 삶과 너무나도 달랐다. 마음이 앞서기도 하며 세월아, 빨리 가라였다. 돈을 벌어 호르몬 주사를 맞고, 살을 빼고 몸 관리를 시작했다. 머리가 점점 길어지며 몸과 마음도 점점 여자로 되어갔다. 이젠 장기목표로 돈을 모아 태국 가서 성전환 수술을 하면 되는 것이었다.

저축해서 태국에 갈 수 있는 상황이 되어 갈 즈음 부작용이 시작되었다. 성호르몬 부작용은 가슴만 커지는 게 아니라 온몸을 전체적으로 점점 뚱뚱하게 하며 몸매 유지가 너무 힘들었다. 내외적으로 바뀌고 있는 성별 앞에서 진퇴양난이었다.

동생 사춘기 시절은 해결책이 보이고 도와주는 친구들이 있었는데, 이번엔 오롯이 내 몫이었다. 나 혼자 선택하고 결정하여 처리했으며 책임도 내가 지면 되는 것이었다.

지칠 만큼 지친 것인지 도저히 어찌해야 할지 몰라 동생 사춘기 시절보다 엄마가 더 원망스러웠지만 사실은 너무도 간절히 보고 싶단다.

엄마가 어깨를 감싸 안아만 주어도 결정할 수 있을 거 같단다.

일차적 자존감이 형성되는 3세 이전, 주 양육자에게 충분히 사랑받고 존중을 받은 경험은 자존감이 높아져 자신을 사랑한다. 자신을 진정 사랑하고 수용할 힘만 있었더라면…….

부모님들이여, 제발~ 제발 아이들 손을 놓지 마세요.

방황했던 아들에게, 아빠가

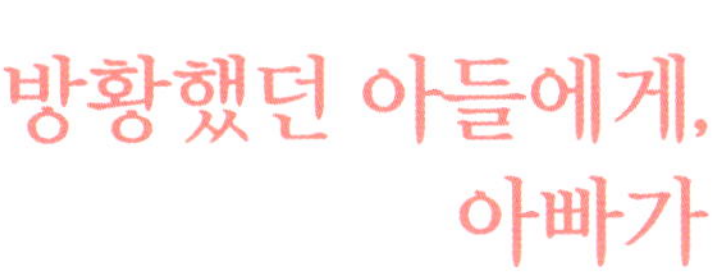

불과 10여 년 전, 세 남매 중 막내아들의 상처 많았던 순간들의 소회다.

돌아보면 내 얘기였던가 싶어 아쉽고 후회되는 기억들이다. 이제는 스물네 살의 성격 좋은 청년으로서 날마다 아빠, 엄마에게 대견함을 선사하는 아들이 되어있다. 지금이나 당시에도 아들이 제자리를 찾아와 있을 것을 굳게 믿고 있었지만, 그 짧지 않았던 기간에 왜 많이 아파하던 아이의 마음을 좀 더 헤아리지 못했을까 하는 성찰은 두고두고 부모의 상처가 되어있다.

한껏 예민하고 질풍노도와 같은 사춘기, 그때는 때로는 타협도 모르고 스스로도 상처를 받는 시기다. 누구나 겪는 사춘기지만, 아들은 자신의 성장통도 벅찬데, 집안의 환경과 아빠의 몫까지 짊어지며 더 힘들었을 게다. 본의 아니게 불운한 환경이 우리뿐이겠느냐마는 불완전한 인격으로서는 겪지 말아야 한 삶의 과정이다. 그렇듯 아이들의 탈선과 방황에는 다 이유가 있다. 자칫 아빠의 장애가 아이들에게 또 다른 상처가 될 수도 있겠지만, 아이들에게 더 자부심이 되도록 노력했어야 했다. 다행히 나의 부족한 부분은 아내가 대신 할 수 있어서 감사한 일이었다….

남달리 고루한 환경에서 성장한 나는 뒤늦은 결혼과 더불어 세 남매가 누구보다 소중하고 귀했다. 잘 나가던 자영업은 외환위기로 어려워졌고 많은 사람이 그랬듯 사업장 이전과 전업 등을 거치면서 수년 만에 가정은 끝내 어려워졌었다. 이미 다섯 가족의 부양은 아내의 역할이 되었고, 그러나 휠체어를 타는 1급 장애인으로서 할 수 있는 일이란 지극히 한정되어 있었다. 열악한 장애인 작업장이나 가내 수공업 일들이란 그리 수입이 되지 않았다. 그래서 나는 대리운전 기사 픽업이나 택시 영업 등 그나마 운전으로 할 수 있는 거친 일들을 찾았어야 했다.

그러잖아도 병약했던 몸은 그런 무리한 일들로 인해 건강은 더욱 악화되었다.

기관지염을 거쳐 폐쇄성 폐 질환으로 잦은 입원을 하게 되었고, 집안을 도와 일을 해도 모자랄 판에 병원에 누워있으면서 늘 몸만 닳았었다. 때마침 아내 일이 바빠져서 나의 병간호를 아이들이 도맡아 했었는데, 대학생 큰딸은 타지에 있었으므로 둘째와 막내가 주로 담당했었다. 둘째와 한 살 차이의 동생인 막내는 제 누나와 사이좋게 아빠의 시중을 잘 들었는데, 때때로 아빠가 중환자실로 실려 가 인공호흡기를 하는 모습을 보며 아이들은 자지러지게 흐느끼곤 했었다.

착하고 순했던 세 아이 중 아들은 학교에서도 EQ 감성이 제일 뛰어난 아이였는데, 온 가족이 다 같이 영화를 볼 때면 제일 먼저 훌쩍이는 게 남자 녀석인 막내였다. 그래서 특히 아들이 더 놀라곤 해서 나는 내심 감성 많았던 아이들이 아빠의 극한 상황을 보면서 혹 마음의 상처가 되지는 않을까 걱정했었다. 자칫 아빠의 장애가 아이들에게 또 다른 상처가 될 수도 있겠지만, 자부심이 되길 더 노력했어야 했다. 그런데도 대견하게 자란 아이들과 나의 부족을 충분히 채워가는 아내가 있어서 감사하다 여겼다. 그러나 바쁜 아내마저 업무차 집을 비울 때도 있었고, 늦게 퇴근하는 날이 다반사여서 설상가상으로 아이들을 돌보는 일에 소홀할 수밖에 없었다.

그런데 아니나 다를까, 아들이 중학교 2학년, 염려했던 비행이 엿보이기 시작했다. 학교에서 반늦게 집에 돌아오는 일이 잦았고 지각도 여러 번 있었다고 학교 담임 선생님에게 연락이 왔다. 교육은 아내의 의견을 따랐으나 아내는 본래 아이들에게 그리 살갑지 않고 엄격했던 것이 나와 아이들은 늘 불평이었고, 본인도 인정하는 바였다.

그러던 어느 날 아이는 기어이 제 친구들과 어느 편의점에서 과자를 훔치다 발각되는 사고를 쳤다. 그런데 편의점에서는 앞서 물건이 없어진 적이 있었던 터라 마로 아이들을 생각 없이 신고하는 바람에 세 집에서 150만 원을 넘게 물어준 적이 있었다. 그렇게 아이들의 문제가 사건화가 되어서 아이와 아내가 몇 차례 경찰서를 드나들었는데, 그 모습을 보는 가장으로서의 심경은 견디기 힘든 순간이었다. 부족한 자신의 몫이 자식과 가족에게 전가된 것은 아닌가 하는 자책에서 더 그랬다.

아이의 밤늦은 귀가는 잦아져 자정을 넘기는 일이 허다했는데, 가족이 잠든 시간에 몰래 문을 따고 들어온다거나 뒤쪽 불편한 통로를 통해 2층 옥탑방 창살을 뜯고 들어가기도 했다. 다소 일찍 들어온 날은 친구들을 뒤꼍 창문으로 불러들여 술과 담배도 피웠었다. 한 번은 그 좁고 추운 방 작은 침대에서 네 명의 아이들이 자는 걸 아침에 목격해서 너무나 충격을 받은 적도 있다.

당시에는 생활도 어려웠을뿐더러, 간신히 얻은 셋집은 오래된 집이라 매우 허술한 집이었다. 눈비만 오면 물이 새고 거실에 연탄난로를 피우지 않으면 추워서 견디기 힘든 집이었다. 좁은 마당에는 차를 주차해야 해서 대문은 항상 열려 있었으니, 아들은 늦은 밤이라도 맘 놓고 드나들었다. 아들 방을 들어가는 방법이 거실 말고 또 하나가 있었는데, 뒤쪽 낡은 물건들이 쌓여 있는 골목을 지나 옥상으로 올라가서 창문 창살을 벌려 들어가는 수도 있었다. 그런데, 그곳은 밤에 심히 캄캄하고 으슥하여 무서운 통로였다. 아들은 제 엄마를 닮아 무서움을 안 탔지만, 아빠에게 야단맞지 않으려고 그곳을 지나다녔다는 것도 미안하고 슬픈 기억이다.

거실에서 옥탑방에 이르는 비좁고 가파른 계단을 아이들의 도움을 받아서 나는 아들 방을 뒤늦게 올라가 봤었다. 난방도 안 되는 냉장고 같은 방에 전기장판 하나로 아이는 지내고 있었다. 불편해도 잠만은 거실에서 잘 수도 있었지만, 늦게 들어와 아빠를 피하느라 그 추운 방을 고집했었나 보다. 나는 가난해도 평화로운 가정을 염원해 왔었고, 또 굴곡 중에도 잘 살아왔었다. 아이들 교육에 관한 접근 방식은 아내와 다소 차이가 있었다. 그때는 내가 힘들어 했던 만큼 아내도 힘든 시기여서 자칫 세심하지 못했다고 생각했다.

그즈음 나는 건강 때문에 고정된 일을 하지 못하고 아내의 출근을 도와주거나 아이들이 통학버스 놓쳤을 때 태워다주는 것이 하루 일과였다. 가끔 목공으로 아내가 필요로 하는 소품들만 제작할 뿐, 무료하고 힘든 시간을 보내고 있었다. 생활이 어려워져서 힘겨운 순간들이 많았지만, 그 시기는 정말 너무 힘들어서 현실을 견딘다는 게 가끔 술로 위안을 삼기도 했었다. 그런데, 취기에 아들의 흠을 들어 야단을 쳤던 것은 무엇보다 후회되는 일이었다.

아들은 3학년을 마칠 때까지 방황했다. 반성문도 썼고, 아내는 여러 번 학교 선생님과 면담도 했었다. 그렇게 중 3학년을 간신히 마치고, 고등학교 진학을 고민했을 때, 때마침 아빠 엄마만큼이나 한 살 아래 동생을 걱정하고 아끼던 둘째가 나섰다. 공부를 잘했던 둘째는 제 친구 엄마가 선생님으로 있는 남녀공학인 고등학교에 뽑혀갔었는데, 담임 선생님께 간절히 부탁해서 자신과 같은 과에 동생을 입학시키게 되었다. 그것은 아들에겐 변화의 시작이었다. 전혀 다른 환경과 저를 가장 이해해 주는 누나와 같이 통학하면서 아들은 서서히 달라져 갔다.

아들은 뒤처졌던 실력으로 힘들어하면서도 적응을 위해 노력하는 모습이 또렷했다. 좋은 친구들과 잘 어울리고 가족 중에서 가장 제 엄마를 많이 닮아서 긍정적이며 말주변도 좋아서 또래 상담도 하는 등, 3년을 무사히 마치고 졸업했다. 2년여를 공부하지 않아 실력이 부족했으나, 전문대 복지학과에 입학했다. 그리고는 1학기를 마치고, 군대 영장이 나와서 입대 준비를 했다. 여건상 현역이 아닌 공익근무로 치를 수도 있었으나 나와 아내의 뜻도 같았고 아들도 입대를 원했으므로 육군으로 입대했다. 우리 부부는 아들이 잘 적응할지 걱정도 했지만, 군대를 다녀와서 과연 얼마나 사내답고 어른스럽게 달라질까를 조심스레 기대했다.

아들은 연천의 전방 부대에서 통신병으로 배치됐는데, 역시 매우 사교적이었던 아이는 편지를 보내올 때마다 고참에게 칭찬받았다는 얘기가 끊이질 않았다. 아빠의 일을 도와서 배웠던 그라인더 사용법이나 톱질하는 것까지, 할 줄 아는 사람이 저밖에 없었다고 너스레를 떨었다. 고된 훈련까지 잘 받아 상장도 받고 특별 휴가를 받고 왔었는가 하면 고참이 되어서는 부하들이며 친구들 고민 상담까지도 맡아서 했다고 한다.

지금 아들은 전역하자마자 또 뜻밖의 기회로 새로운 대학교에 입학했다. 본인처럼 힘들어 방황하는 청소년들에게 상담자가 되고 싶어 상담 심리학과에 입학하여 신나고 바쁜 나날을 보내며, 날마다 우리에게 흐뭇함을 선사하고 있다. 아들은 마치 "지금이 본래 제 모습이에요"라고 말하고 있는 것 같다.

돌아보면 모두가 기적 같아 감사하다……

아들아!
너는 이제 비로소 완성된 한 사람으로서 세상을 걸어가게 될 것이다.

네 앞에 세상은 때로 높은 장벽이며 비탈진 언덕과 같을 수도 있을 것이다.

그러나 네가 어린 나이에 모든 힘겨움을 극복했듯이, 부딪쳐서 해내길 바란다.

문제가 네 앞을 가로막거든 피하지 말고 더 큰 동기부여가 되는 기회로 삼기를 바란다.

그뿐만 아니라 주위 사람들에게 도움과 빛이 되어 함께 기쁘기를 바란다.

# 도박 중독자 아들의
어머니가

04

어디서부터 뭐가 잘못된 걸까, 내가 잘못한 건 뭐지….

지난 15개월간 정답 없는 질문을 스스로에게 묻고 또 물었다.

작년 2월, 아들은 대학을 졸업했고 난 이제 고생 끝 행복 시작을 생각하며 그동안 못했던 거 하며 좀 여유롭게 살겠노라고 흐뭇한 결심을 하며 살고 있었다. 그러나 그 다짐은 정말 짧은 행복에 지나지 않았다. 어느 날 시댁 조카에게 한 통의 전화를 받으며 나의 꿈은 나락으로 떨어지기 시작했다.

아들은 여자 친구랑 2년간 동거했으며 결국 헤어지게 되어 방을 얻어야 하니 돈을 빌려 달라고 했다는 것이다. 이 무슨 청천벽력 같은 소리란 말인가! 내 귀를 의심하면서 우리 아들이 그럴 리가 없다며 잘못 들었을 것이라고 부정하면서 나를 위로했다. 다음날 당장 아들을 찾아가 집으로 짐을 옮겼고 자초지종을 물으니 보이스 피싱을 당했고 대포 통장을 만들어 주면서 생긴 900만

원이라는 빚을 휴학하고 학원 강사에 과외까지 하면서 열심히 갚았으나 900 이라는 사채를 감당하기엔 역부족이었다고, 그래서 전세자금에 손을 대기 시작했다고 고백했다.

어느새 전세 기간은 끝나가고 전세금 채워서 엄마에게 갖다 주려다 보니 주식을 하게 되었고 무경험으로 주식을 하다 보니 주식은 바닥을 치고 급한 마음에 인터넷 도박까지 하지 말아야 할 것을 하고 만 것이다. 자꾸만 여기저기서 돈을 빌려 그 늪에서 허우적거린 아들을 애써 위로했지만 나는 머리가 혼란스러웠고 어지러웠다. 애써 침착하며 아들에게 말했다.

"인간이니까 실수할 수 있다. 지금까지 있었던 일 모두 잊고 앞으로만 그렇게 살지 말아라. 그런 일이 있었으면 부모랑 상의했으면 좋았겠지만 이미 엎질러진 물이다. 앞으로의 네 인생에 타산지석으로 삼고, 남은 시간 공무원 시험에 집중해라."이렇게 말하면 그리 될 줄 알았다. 정말 그렇게 하면 모든 일이 해결될 줄 알았다. 그 때는….

하지만 그때부터 아들과 피 말리는 전쟁이 시작되었다. 독서실을 끊어주고 새벽밥에 도시락을 정성껏 싸주며 태워다 주고 태워오고 했는데 아들은 여전히 여기저기서 돈을 빌려 도박 게임을 하고 있었다. 채찍과 당근을 주며 달래 보기도 했다.

그러나 큰딸 남자친구에게까지 돈을 빌렸다는 소리에 난 이성을 잃고 폭언, 폭력에 갖은 욕설을 하기에 이르렀고, 결국은 상담소 문을 두드리게 되었다.

도박중독 23점! 8점만 나와도 중독이라는 상담 선생님의 말씀에 아찔했지만, 믿을 수가 없었다. 어떻게 우리 아들이…. 그러나 현실이었다. 믿을 수 없는 현실! 그 자리에서 아들은 단 도박을 결심했고 나도 정신을 차려 저 아이를 바로 세우리라 의지를 다졌다.

아들은 '압화 심리상담'을 받으며 학원 강사로 일했으며, 가을학기에는 중독 상담학과로 대학원도 진학하게 되었다. 배우면서 자신도 치료하고 그 분야에서 할 일들을 꿈꾸며 열심히 살아가는 듯했다. 하지만 도박의 증세는 점점 더 심해졌다. 우리만 몰랐다. 겉으로는 나아진 듯했으나 도박의 유혹을 이기지 못하고 결국 대학원 동기들에게까지 돈을 빌리고 나의 신분을 위장하여 비대면 은행 대출까지 받아 쓰고 핸드폰으로 소액, 구글 대출까지 받아서 끊임없이 도박하고 있었다. 우리는 다달이 아들의 빚을 갚기에 급급했지만 그래도 나아질 것이라 희망을 놓지 못하고 있었다. 그렇게 수차례에 걸쳐 지옥을 경험하며 우리 가족은 버티며 살고 있었다. 그런데도 두 달 전 아들은 말없이 집을 나갔고 지금은 연락 두절 상태가 되었다.

일주일 지나면 오겠지, 한 달 안에는 들어오겠지, 믿고 견디며 지내다 보니 벌써 두 달이 넘었다. 그 사이 '경찰출석요구서'가 날아왔고 아들이 왜 집을 나갔는지 미루어 짐작이 갔다. 인터넷 물품 사기란다. 그렇게 사랑으로 믿어주며 부족함 없이 키운 아들이었건만 돌아온 건 배신뿐이었다. 아들 인생이 끝난 듯 나의 인생이 끝난 듯 울고 또 울었다. 아무것도 못 먹고 자리를 보존하며 원망과 분노를 토해내며 꺽꺽 울었다. 차라리 죽고 싶었다. 심장이 오그라들고 타들어 가는 듯 괴로웠고 밖에 나가기가 두려웠다. 남들 앞에 나서기가 부끄러웠다. 암울하고 낙담과 절망 속에서 목적 없는 길을 걸으며 울고 또 울었다. 정신 차리자! 내가 여기서 쓰러지면 우리 가정은 풍비박산이 나고 난 인생의 패배자가 되는 것이다.

남들 앞에서 아무 일도 없는 듯 아무렇지도 않은 척 웃고 떠들어야 하는 나의 모습이 가식적으로 느껴지고 순간순간 차오르는 분노로 가슴이 답답하여 몸부림치며 차라리 모든 게 끝났으면 좋겠다고 울부짖을 때 상담 선생님은 말씀하셨다. 아들이 정신 차리고 돌아왔을 때 부모님이 자리를 지키고 있어야지 잘못되면 아들은 죄의 강박 때문에 다시 중독으로 빠질 수 있다고. 어느 날 문득 아들을 생각하니 가슴이 아려왔다. 난 최선을 다했다고 생각했지만 진정 아들이 무엇 때문에 힘들었고 뭐가 고민인지 진실하게 다가가지 못했음이 생각났다. 새벽부터 밤늦은 시간까지 일하며 가족 누구와도 온전히 마음을 나누지 못하고 친구들과도 소통하지 못하고 얼마나 힘들었을까, 우리 아들!

네가 저지른 게 있으니 넌 당연히 새벽부터 밤늦게까지 몸이 부서져라, 일해서 갚는 게 당연하다고 정죄한 우리 가족의 모습은 아니었을까, 반성과 후회가 밀려왔다. 아들을 좀 더 따뜻하게 감싸주지 못한 우리의 사랑 없음을 생각하니 가슴이 먹먹해져 왔다. 어떤 날은 아들이 너무 보고 싶어서 엉엉 울고 어떤 날은 왜 그렇게밖에 살지 못하나 아들을 원망하며 분노의 삼성으로 씩씩거리고 나의 마음이 시시각각 바뀌곤 한다. 가만히 있는 시간이 두려웠다. 뭔가 불길한 예감이 엄습하면서 가슴이 터질 듯 아려오기도 하고 온몸이 굳어지는 느낌에 휩싸이기도 했다. 차라리 일해야만 한다. 무언가에 집중해서.

하지만 집중이 잘 되지도 않는다. 우리 가족은 낙심하고 낙담하지 말자고 하나님의 계획하심이 있을 것이라고 서로 위로하고 있다.

우리 5명의 가족은 같은 시간 각처에서 가정예배를 드리며 간절히 기도하고 있다. 하루빨리 죄악 된 생활에서 벗어나 가족의 품에 안겨 새 삶을 살게 해달라고.

지금의 방황이 훗날 중독으로 죽어가는 많은 이들을 살리는 데 영향력을 끼치는 자가 되게 해달라고. 아들 덕분에 우리 가족의 믿음이 더욱 굳건해지고 말씀을 가까이하여 찬송과 기도로 나아가는 가족이 되고 있다.

지금의 고통과 심정을 웃으면서 얘기할 날들이 어서 빨리 오기를 기대한다.

<h1>불면증 자녀의
어머니가</h1>

○○야, 정말 많이 미안하다. 너의 원고를 보니 마음이 너무 아파.

얼마나 외로웠는지 버거웠는지 함께 산 엄마로서 그 아픔이 저절로 그려졌어.

목욕탕에서 나올 때 어정쩡한 얼굴로 나오며 비시시했던 미소의 의미를 이제야 알게 됐다니 이렇게 무딘 엄마가 어디 있겠어. 나오는 울음을 참고 화장실에서 나오는 너의 마음을 조금도 몰랐어. 어쩌니~ 심지어 어느 날인가는 너희들에게 '나도 엄마 안 하고 싶다'라고까지 했었다. 그렇게 철이 없는 엄마였어.

둘째가 알아서 공부 잘하고 친구들과 잘 놀고 아빠께 특히 잘해드리며 엄마를 늘 존경한다 하고, 해마다 엄마 다이어리에 너의 편지를 맨 앞장에 붙이고 다녔고, 동생에겐 정말 든든한 누나로서 이좋은 남매라고 엄만 늘 복이 많디고 자랑만 하고 다녔으니⋯. 내가 이리도 맘이 아파 몸무게가 42킬로이고 밥도 잘 못 먹는 것도 잘하려는 욕심에 의한 성장하기 위한 아픔인 줄만 알았어.

생각해 보니 엄만 너의 엄마로서 헌신한 게 하나도 없다. 네가 이리도 힘들어 하는 동안 난 자녀 키우는 게 쉽다고 다섯을 못 낳은 게 아쉽다고 했으니 해도 해도 너무한 엄마다.

초등학교 4학년 때 엄마가 던진 "ㅇㅇ야, 왕따 당해 본 적 있니?"라고 그냥 던진 질문 끝에 쿨하게 "엄마, 난 애들을 내가 왕따시켜." 했을 때도 관계 지향적인 딸이었기에 '왕따는 안 당하니 걱정 마' 하는 줄 알고 그냥 넘어가며 엄마 편한 대로 해석하였음을 지난 일이 되었을 때야 알았지…. 너는 20살이 넘도록 칭얼댄 적이 딱 한 번 있었지. 그때 왕따를 당해 학교 가기 싫다고는 상상도 못 했어. 친구와의 관계가 문제인 것도 모르고 무조건 가라고 윽박질러 지각한 적이 있을 텐데, 기억하지? 그러나 그때도 애썼다는 말을 안 한 것 같네. 그러고 보니 때때로 너의 진의를 알아보려고는 했는지 싶다.

또 5학년 때 담임 선생님이 친구 ㅇㅇ를 더 좋아한다며, 친구에게 질투 아닌 질투를 할 때, 담임께서 별의별 상의 이름을 붙여 넌 17개 그 친구는 15개의 상을 주셨으니 편애하신 게 아니라고 선생님의 사랑 공정성을 반박하지 못하게 입을 막았었다. "에구 우리 딸, 그런 느낌 받아 속상하구나" 하며 엄마가 안아주었으면 됐을 걸, 그때도 입은 물론 마음까지 닫게 한 것이 아닐까 싶다. 그러니 어리지만 의젓한 네가 혼자 클 수밖에….

끝없는 엄마의 둔함과 철없음으로 스스로 이해하며 받아들이며 주관을 세우던 모범생이었기에 네겐 특히 무방비로 있었다.

잠잘 때 악몽을 꿔서 무섭다고 엄마 이불 속으로 자주 들어와 기가 약해서 그렇다며 한약 한 재 해주곤 말았는데 선배 언니에게 잠잘 때 두려운 얘기를 하자, 두 손을 꼭 잡고 'ㅇㅇ야, 죽지 마!' 해서 넌 화장실 가서 토했다고 했어. 대학생도 너의 절절함을 알았는데 엄만 심리치료 받으라고만 했었다. 엄마에 대한 애정과 인정 결핍인 것도 모르고 '잘하고 싶은 욕구가 힘들게 하는구나'를 상담받으며 알아내기 바라는 마음까지 있었다. 상담을 통해서 스스로 알아내지 못한 너의 아름다움, 장점, 강점을 발현하는 기쁜 시간이 될 것을 기대까지 하면서….

딸이 어떤 욕구를 포기하고 그것이 아파 힘든 감정을 혼자 해결 못 해 끌어안고 있는 것두 모른 채 딸에 대한 기대감을 주입만 하고 있었으니 얼미니 비거웠니.

스스로 해야 하며 혼자라고 느낀 그 시린 외로운 마음을 어찌 버텼니~~!

비어있는 가슴을 그 왜소한 팔로 감싸며 채워지지 않을 것 같은 안타까운 감정이 들어 얼마나 겁이 났니.

울어도 아니 울면 안 된다며 참으며 몰라주는 마음 때문에 얼마나 아프고 서운했니~.

정말 미안하다, ㅇㅇ야.

이 글을 눈물로 쓰며 엄마가 버텨내느라 애쓴 딸에게 용서를 빈다.

06 꿈을 찾은 남자의 여자 친구가

어느 날 오빠가 레슨하는 모습을 보았다.

학생 연기를 지도하는데 마치 내일 대회 예선처럼 그 학생에게 혼을 넣어 주고 있었다.

"그래, 그게 너야. 그렇게 네가 없는 게 너야. 그 안에서는."

오빠는 연기할 땐 연기자는 마치 소품처럼 나는 없어야 한다고 생각한다. 오직 역할에만 충실하는 게 연기자의 본분이라고 한다. 최소한 내가 알려지고 대중에게 어느 정도 이미지화되기 전까지는 그렇게 몰입해야 한다고 한다.

그래서 내가 옆에 있는데도 오빠에겐 내가 없었다.

교습 중이라고는 하지만 슬그머니 화가 났다.

밖으로 나와도 잡으러도 안 온다.

내가 없어진 지도 모를 것이다. 집에 돌아와 씻고 있는데 전화가 왔다.

함께 저녁 먹으려는데 어디 있냐고 한다.

피곤해서 왔다고 거짓말을 했지만 아직도 서운하다.

날 정말 좋아하긴 하는 건가?

저런 남자랑 결혼해도 될까?

어느새 오빠랑 만난 지 4년이 되어 간다. 싸울 때마다 패턴은 똑같다. 언제나 자기 일에 지나치게 열중하고 난 나를 안 봐준다고 삐친다. 오빠는 열정 있고 자신이 하는 일에 확신이 있는 사람이기 때문이라고 생각하면 참 좋으련만, 난 알콩달콩하고 싶다. 마음을 먹었다면 그렇게 하고야 마는 사람. 그 부분이 참 존경스럽고 미더움도 가서 고백을 받아들였지만 오빠의 아픔이 이렇게 드러나는구나 싶어서 나도 모르게 안타까운 마음이 들어 괜스레 삐진 척하는 것도 있다. 오빠는 오빠 나름대로 너무 잘 이겨내고 있지만 100미터 달리기를 하다 지쳐 장거리를 못 하면 어쩌지 하는 불안을 내가 하고 있다. 오빤 어떤 경우에도 맡은 바엔 최선을 다한다.

학생을 가르치고 싶어 석, 박사 공부도 하고 싶어 하여 나는 응원하고 있다.

오빤 받고 싶은 대로 인정해가며 끼를 다 발휘하도록 지도할 것이다.

오빠 제자들은 좋겠지만 나는……?

내가 옆에만 있어도 청량제 같아 좋다고 하니 도움도 주고 의지도 하고 싶다.

남친에게 혼자가 아니고 옆에 내가 있음을 고백하는 글을 써주면 안 되겠나는 원고 청탁을 받고 날짜에 임박해서야 쓴다.

청탁받고 아무리 생각해도 내가 오빠에게 도움을 주고 있는 게 아니었다. 오히려 내가 기대고 있었고, 오빠 덕분에 뮤지컬 오디션과 축가 아르바이트 등 많은 기회도 생긴 거였다. 평소에도 말하지만 지면을 통해 진심으로 고맙다고 전하고 싶다.

오빤 나를 자기의 꿈 같은 미래상이라고 하면서 내게만 투영하여 대리만족하고 있지만 어서 마음이 여유로워져서 안 될 수도 있음과 포기하는 개운함도 느껴봤으면 좋겠다.

오빤 어느 누구보다도 자신이 좋아하는 배우 직업에서 만족한 결과를 얻을 것을 노력하는 것을 지켜본 사람으로서 확신한다. 여친이 옆에 있어도 안 보이는 사람의 열정과 집중이 이미 그 길로 가고 있다고 본다.

오빠, 오빠를 만나 행복하고 친구들에게 자랑도 할 수 있어서 좋아요.

여러분도 우리 오빠 응원 부탁드려요.

혼자 피는 꽃은 없다

미술학원 강사만으로는 희망이 없어 다른 직업을 찾던 중 네 잎 클로버를 재배하여 잎을 말려 전량을 일본에 수출한다는 분을 지인에게 소개받아 만나기로 하였다. 실가에 흔하디흔한 클로버 중 네 잎 클로버만 재배한다는 이야기를 처음 듣고 신선한 감격과 흥분으로 김칫국을 마시며 만리장성을 쌓았던 기억이 생생하다.

그렇게 살고 싶었었다.

농사를 짓되 이 사람 저 사람 한 바구니씩 줄 생각만 해도 입꼬리가 올라가고, 바라보고 있으면 자리를 뜨고 싶지 않은 각종 약초 및 채소의 꽃들, 온종일 그리고 밤새워 일해도 힘들지 않고 오히려 스트레스나 긴장을 한방에 날릴 수 있는 식물을 기르며 이 생이 행복해지고 싶었다. 그래서 결혼 초 1급 장애인 남편에게 바다 뒤편에 있는 세상을 그리게 하여 배를 띄운 적이 있다. 칡에 매료되었던 고등학교 시절의 그리움을 실현하고자 칡꽃의 아름다움은 식탁에, 알뿌리의 약 성분과 효능을 즙으로, 무성한 잎으로의 개발, 줄기로 아가리쿠스 버섯 배양 등을 위하여 남편의 사업장을 정리하게 실행하려 한 적도 있다. 그러나 쉽지 않아 포기한 적도 있다.

그리움과 아쉬움을 간직하던 중 네 잎 클로버 재배 소식을 들었을 때 불로초를 재배한다는 것보다 충격이며 감동이었다.

우리가 생각하지 못한 것을 해주셔서 고맙기도 했지만, 한쪽으론 질투도 났다. 만난 적도 없는 사람을 질투하는 만큼 간절함도 생겼다.

'난 거기에 아름다움도 있다는 것을 찾고 싶다.'

그러나 그분을 만나곤 질투가 싹 사라졌다.

그분 자체가 네 잎 클로버였다.

그분에게 너무도 잘 어울려 응원이 나왔다.

음성과 표정, 보통보다는 작은 체구인 농부는 아니 창업자에겐 아무것도 없었다.

오직 네 잎 클로버만이 전부인 분이었다.

그 아름다운 분을 더 알고 싶어 식사 초대를 했고 그분이 오시던 날도 잊히지 않는다. 그분이 문을 열고 들어오는 순간 33평 아파트가 작았다.

내게 그분은 거인이었다. 지금까지도.

하우스 한 동을 네 잎 클로버 모종으로 채우기까지 시행착오를 겪으며 애쓴 그러나 보람된 이야기를 들으며 감동 또 감동하며 부러워했다. 하우스에서 재배했지만, 최대한 자연 상태를 유지하고 야생화처럼 단단한 잎을 갖게 하려고 하우스의 양 문을 최대한 열어주는 개폐 작업에 온 근육을 다 써서 정말 단단하셨다. 자식에게 마음을 주는 것과 같아서 애정 없이는 불가능한 일이었다.

논에 하우스를 만들었기에 장마철엔 소나기를 맞으며 물고를 만들어야 했고, 겨울엔 큰 하우스에 연탄불을 수시로 갈아야 해서 밤잠을 설쳤고, 네 잎 클로버가 건강한 만큼 몸무게도 준다고 했다.

우리나라에선 후발주자로 시작했지만, 열정과 애정으로 제1의 농장이 되었고 다른 사람들이 가지 않는 곳에서의 성공은 기대 이상 만족스럽다고 했다.

작은 거인의 시작에 난 의미를 부여하며 협업했다. 그분은 네 잎만 채취해 압축하여 전량 일본에 수출했다. 내수시장엔 보급이 없었기에 난 생물을 러너로 키울 수 있는 시장을 형성하고자 네 잎 클로버를 분양받아 한 촉 한 촉 나누어 분갈이하며 나폴레옹 클로버란 상호로 판매를 시작했다. 사람들에게 식물이라기보다는 나폴레옹의 행운을 준다는 입담으로 모종을 불티나게 팔고 다녔다. 모 학교 학부모회장은 고3 아들 반에 선물하기도 하였다.

훗날 행운의 클로버 덕분에 아들이 연세대학교에 합격했다는 즐거운 인사도 나눴다.

키우는 방법을 정리하여 소비자들에게 나누어 줄 수 있게 프린트하여 함께 납품하였으나 열성과 기대는 빗나갔고 런너로 키우며 감농받는다는 소비자층이 형성되지 못했다. 재구매가 일어나지 않았으며 접어야 했다. 아쉽고 안타깝고 그 상황을 수용하지 못했으나 판매는 접어야 했다.

그러나 역시 네 잎 클로버는 행운을 주고 떠났다.

압화와의 인연을 만들어 주었다. 나폴레옹 네 잎 클로버 노경희 명함에 동그랗게 절단하여 네 잎을 넣어 코팅하여 나누어 주니 명함이 인기 폭발이었다.

그렇게 제2의 나폴레옹 클로버에 아름다움을 더한 압화가 왔다.

경제적으로 힘든 상황을 잊게 했다. 우울감에서 서서히 나왔다.

풀꽃을 주로 작업하여 감동할 만큼 아름다운 작품을 만들 수 있게 되자 고마운 사람, 위로해주고 싶은 사람에게 명함을 만들어 선물하는 것으로 시작했다.

수많은 감동의 인사를 받으며 드디어 길이 터졌다.

대통령 별장 청남대를 가는 곳에서 부부농장을 하시는 원장님께 신세를 져서 꽃 명함을 만들어 마음의 빚이 남았음을 고백하며 선물했다. 고등학교 교사를 그만두고 부부농장이라는 농장 겸 식당을 하시며 신성한 먹을거리를 제공하시는 존경스러운 분이었다. 삼채, 표고버섯, 배추, 무, 상추 등 채소를 정성껏 길러 고추장 삼겹살과 호박 밥 시레기밥으로 줄 서서 먹는 유명한 농장이다. TV에 농장이 소개되면 손님이 너무 많아 경찰이 와서 교통정리를 할 만큼 손님이 한동안 몰려 그 이후 손님께 최선을 다할 수가 없어 TV 프로그램에 안 나간다고 하셨다. 지금껏 살며 가장 열심히 살아내시는 원장님께서 4만 평 농장 내에 사방을 유리로 지어 소박하면서도 아름다운 작은 건물이 있는데 그곳에서 압화를 해보면 어떻겠냐고 제안하셨다.

　네 잎 클로버의 힘인가?! 행운의 연속이다.
　산 중턱에 있는 유리 집은 대청호가 한눈에 보여 마치 무릉도원 같았고 그곳을 무료로 사용하며 관광객에게 압화 작품도 판다.
　열심히 살아온 삶을 보상받은 듯하고 아름다운 삶이 그려지며 복도 이런 복이 없었다. 그곳을 다녀간 많은 분을 만나면 지금도 그곳을 그리운 곳으로 칭송한다.
　정말 살맛이 났었다.
　꿈속에나 나옴 직한 아름다운 곳에서 산속의 풀과 꽃으로 압화 작품을 만들어 판매하고 방문객들의 희로애락을 들으며 위안하고 격려하며 자연스레 함께하는 즐거움을 알아갔다. 관광객이 단골이 되며 함께하는 이야기 시간이 길어지고 체험하며 완성도가 높자 그들도 행복해했다.

　압화는 힘이 있다.
　산속 유리 집에서의 비와 바람, 눈과 햇빛을 고스란히 받았고 풀, 꽃, 흙냄새를 맡으며 신선이 되어갔다. 압화 작업을 하며 집중력과 순수한 발현으로 우울증이 없어지고 너그러움이 생기자, 갈등이 없어지며 평화로움만 존재했다. 한마디로 신선놀음이 있나.
　이대로 살면 신선이 될 거 같았다. 그렇게 되어갈 즈음 깨달음이 있었다.

환경은 신선으로도 만들 수 있다.

마음이 평안해지자 사람들 눈에 보였나 보다. 제2의 제3의 인생을 살고 싶은 이들이 모여들었다. 방문객도 점점 많아지며 사례가 많아졌다. 미술치료 및 상담자원봉사를 하던 나는 일회성 체험이 아닌 정서·행동 학생을 상대로 작업하며 우울증이 나아지는 경험이 많아지자 기대로 설레었다. 맨손으로 시작하여 스스로 기적이 되고 싶었던 나는 압화 작업 하면서의 시행착오 이유를 묻고 해결해내며 심리상담으로 접근하고 있었다.

하루는 충청북도학생상담자원봉사자연합회 9대 회장님이 방문하셔서 백만 원어치 압화 작품을 주문하고 가시며, 진지하게

"노 선생님, 제가 돈을 빌려드릴 수 있어요. 필요하면 얘기하세요" 하셨다.

거의 무일푼 비슷하게 시작할 수밖에 없는 상황이었고, 시험작품 및 나만의 세계를 구축하느라 작품이 적어 안쓰러워하신 말씀이다.

"네, 회장님. 감사하지만, 끝까지 할 거니까 제 힘으로 서서히 만들어 가겠습니다." 했다.

그랬다. 당당히 마주하며 담담하고 힘 있게 말씀드리며 내게도 말한 것이다. 경제적으로 참 어려운 시기여서 회장님의 말씀만으로도 힘이 되고 감사했다. 빚보증으로 아파트까지 경매되고 1급 장애인인 남편의 일자리까지 잃었으며 세 명의 자녀와 어렵게 살아가는 것을 들으셨을 만했다.

선불로 주문한 작품을 찾아가시며 봉투를 또 하나 주고 가셨다. 아이들 피자값인가 보다 싶어 선반에 올려놓곤 퇴근길에 확인하였다.

백만 원 수표 5장이 들어 있었다.

가슴이 먹먹하며 손에 들려주던 눈빛이 그려졌다.

응원과 신뢰, 격려와 지지, 용기와 고마움의 눈빛.

회장님 뜻에 맞춰 가장 값지게 쓰는 방법을 선택하기로 했다.

압화가 심리작용에 미치는 연구에 쓰기로 하였다.

압화 심리치료가 탄생하게 된 씨앗이 되었다.

그 500만 원은 내게, 우리 가족에게도 힘의 화수분이 되었다.

지치는 것을 잊게 했고, 창의성을 활용하게 하고, 새로운 것을 도전하게 하는 용기를 갖게 하고, 드러내지 않아도 편안한 마력의 힘을 갖게 했다.

그 힘은 10년이 지난 지금도 또 남은 내 삶도, 손 내밀 힘조차 없는 사람들에게 먼저 내밀어 그가 일어서게 하는 데 쓰일 것이다.

혼자 피는 꽃은 없다.

청소년들은 합창한다

부록

탄생화와 꽃말

앵초

꽃말: 강인함이감춰진 당신의 정열은 곧 나의 운명

1일 **앵초**(Primrose) 젊은 시절과 고뇌, 첫사랑	**16일** **노란 히아신스**(Hyacinth) 승부, 유희
2일 **노란수선화**(Narcissus Jonquilla) 사랑에 답하여, 짝사랑, 자존심	**17일** **수영**(Rumex) 친근한 정
3일 **샤프란**(Spring Crocus) 후회 없는 청춘, 지나간 행복, 즐거움	**18일** **어저귀**(Indian Mallow) 억측
4일 **히아신스**(Hyacinth) 차분한 사랑, 유희	**19일** **소나무**(Pine) 블로장수, 불변
5일 **노루귀**(Hepatica) 인내	**20일** **미나리아재비**(Butter Cup) 천진난만
6일 **흰제비꽃**(Violet) 사랑, 순진무구한 사랑	**21일** **담쟁이 덩굴**(Ivy) 우정, 아름다운 매력
7일 **튤립**(Tulipa) 실연, 사랑의 고백	**22일** **이끼** 실연의 고독, 모성애
8일 **보랏빛 제비꽃** 사랑, 정절	**23일** **부들**(Bullrusb) 순종, 기백, 용기
9일 **노란 제비꽃**(Violet) 수줍은 사랑, 농촌의 행복	**24일** **가을에 피는 사프란**(Saffron-Crocus) 절도의 미, 지나간 행복, 즐거움
10일 **회양목**(Box-Tree) 참고 견뎌냄, 냉정, 인내	**25일** **점나도나물**(Cerastium) 순진
11일 **측백나무**(Arbor-Vitae) 견고한 우정, 건	**26일** **미모사**(Humble Plant) 예민한 마음, 섬세
12일 **향기 알리섬**(Sweet Alyssum) 빼어난 미모	**27일** **마가목**(Sorbus) 게으름을 모르는 마음, 신중, 조심
13일 **수선화**(Hawthorn) 신비, 자존심	**28일** **검은 포플라**(Black Poplar) 용기
14일 **시클라멘**(Cyclamen) 내성적 성격, 질투, 의심	**29일** **이끼**(Moss) 모성애, 실연의 고독
15일 **가시**(Thorn) 엄격	**30일 매쉬메리골드** (Mash Marigold) 반드시 오고야말 행복 **31일** **토끼풀**(Clover) 약속, 행운, 평화

제 비 꽃 (보라색)

꽃말: 성실한 당신에게 내진심을 드립니다

1일 **앵초**(Primrise) 젊은 시절과 고뇌, 첫사랑	**16일** **월계수**(Victor's Laurel) 명예, 영광, 승리
2일 **모과**(Chaendmeles) 평범, 괴짜, 조숙	**17일** **야생화**(Wild Flower) 친숙한 자연
3일 **황새냉이**(Cardamine) 그대에게 바친다	**18일** **미나리아재비**(Butter Cup) 천진난만
4일 **빨간 앵초**(Primrose) 돌보지 않는 아름다움	**19일** **떡갈나무**(Oak) 붙임성이 좋음, 환대, 공명정대
5일 **양치**(Fern) 사랑스러움	**20일** **칼미아**(Kalmia) 커다란 희망
6일 **바위솔**(Hores-Leek) 가사에 근면함	**21일** **네모필라**(California Blue-Bell) 애국심, 빛, 불빛
7일 **물망초**(Forget-me-not) 날 잊지 말아요	**22일** **무궁화**(Rose of Sharon) 섬세한 아름다움, 일편단심
8일 **범의귀**(Saxifrage) 절실한 애정	**23일** **살구꽃**(Prunus) 아가씨의 수줍음, 계절의 조화
9일 **은매화**(Myrtle) 사랑의 속삭임	**24일** **빙카**(Periwinkle) 즐거운 추억
10일 **서향**(Winter Daphne) 영광, 불멸, 명예, 꿈 속의 사랑	**25일** **사향장미**(Musk Rose) 변덕스런 사랑
11일 **멜리사**(Balm) 동정	**26일** **아도니스**(Adonis) 추억, 회상, 영원한 행복
12일 **쥐꼬리 망초**(Justicia Procumbes) 가련미의 극치	**27일** **아라비아의 별**(Star of Arabia) 순수
13일 **갈풀**(Canary Grass) 끈기	**28일** **보리**(Straw) 일치단결, 번영, 보편
14일 **카모밀레**(Chamomile) 역경에 굴하지 않는 강인함	**29일** **아르메리아**(Armeria) 배려, 동정, 가련, 온순
15일 **삼나무**(Cedar) 그대를 위해 살다, 결실, 감사	

물망초 (파랑)

꽃말: 영원히 사랑한다는 것을 잊지 말아요

1일 **수선화**(Narcissus) 자존, 신비		**16일** **박하**(Mint) 미덕, 순진한 마음
2일 **미나리아재비**(Butter Cup) 아름다운 인격		**17일** **콩꽃**(Beans) 반드시 오고야 말 행복
3일 **자운영**(Astraglus) 나의 행복, 그대의 관대한 사랑		**18일** **아스파라거스**(Asparagus) 무변화, 불변
4일 **나무딸기**(Raspberry) 애정, 질투		**19일** **무치자나**(Cape Jasmine) 한없는 즐거움
5일 **수레국화**(Corn Flower) 행복감, 섬세한, 미, 고독		**20일** **보라색 튤립**(Tulipa) 영원한 애정, 사랑의 고백
6일 **데이지**(Daisy) 순진, 순수, 명랑, 평화		**21일** **벚꽃 난**(Honey-Plant) 인생의 출발
7일 **황새냉이**(Cardamine) 사무치는 그리움		**22일** **닥아욱**(Mallow) 은혜, 온순
8일 **밤꽃**(Castanea) 진심, 고운 마음		**23일** **글라디올러스**(Gladiolus) 정열적인 사랑, 밀회, 승리, 용기
9일 **낙엽송**(Larch) 대담, 장엄		**24일** **금영화**(Califonia Poppy) 희망
10일 **느릅나무**(Hackberry) 고귀함, 위엄		**25일** **덩굴성 식물**(Climbing Plant) 아름다움
11일 **씀바귀**(I xeris) 순박함, 헌신, 비밀스런 사랑		**26일** **흰앵초**(Primrose) 첫사랑, 청춘시대
12일 **수양버들**(Weeping Willow) 사랑의 슬픔, 비애		**27일** **칼세올라리아**(Calceolaria) 도움, 나의 재산을 드립니다
13일 **산옥잠화**(Day Lily) 사랑의 망각		**28일** **꽃아카시아나무**(Robinia Hispida) 품위
14일 **아몬드**(Almond) 희망, 진실된 사랑		**29일** **우엉**(Arctium) 괴롭히지 말아요
15일 **독당근**(Conium Macutatum) 죽음도 아깝지 않음	**30일** **금작화**(Broom) 청조	**31일 흑종초** (Nigella Damascena) 꿈길의 애성

장미 (흰색) Rose

꽃말: 진심으로 사랑하는 당신을 따르렵니다

	1일 **아몬드**(Almond) 진실한 사랑		**16일** **튤립**(Tulipa) 아름다운 눈동자, 사랑의 고백
	2일 **아네모네**(Wind Flower) 기대, 허무한 사랑		**17일** **독일창포**(German Iris) 멋진 결혼, 소식, 즐거운 방문
	3일 **나팔수선화**(Daffodil) 존경, 자존심, 짝사랑		**18일** **자운영**(Astragalus) 감화, 그대의 관대한 사랑
	4일 **빨간 아네모네**(Wind Flower) 그대를 사랑해		**19일** **참제비고깔**(Larksour) 청명
	5일 **무화과**(Fig-Tree) 풍부, 열심		**20일** **배나무**(Pear) 온화한 애정, 위안, 환상
	6일 **아도니스**(Adonis) 영원한 행복, 회상		**21일** **수양버들**(Weeping Willow) 내 가슴의 슬픔
	7일 **공작고사리**(Adiantum) 신명		**22일** **과꽃**(China Aster) 믿음직한 사랑, 추상, 달콤한 꿈
	8일 **금잔화**(Broom) 박애, 비애		**23일** **도라지**(Balloom-Flower) 상냥하고 따뜻함, 기쁨, 소망
	9일 **벚나무**(Cherry) 절세미인, 결백, 정신미		**24일** **제라늄**(Saffron-Crocus) 결심, 추억, 우정
	10일 **빙카**(Periwinkle) 즐거운 추억		**25일** **중국패모**(Gritillaria Thunbergii) 위엄
	11일 **꽃고비**(Blemonium Coeruleum) 와 주세요		**26일** **논냉이**(Cardamine Lyrata) 불타는 애정
	12일 **복숭아꽃**(Peach) 사랑의 노예, 행복, 그대의 매력		**27일** **수련**(Water Lilt) 청순한 마음
	13일 **페르시아 국화**(Golden Wave) 경쟁심		**28일** **빨간 앵초**(Primrose) 비할 바 없는 아름다움, 첫사랑, 청춘시대
	14일 **흰 나팔꽃**(Morining-Glory) 넘치는 기쁨, 결속		**29일** **동백나무**(Camellia) 매력, 자랑, 겸손한 아름다움
	15일 **펜 오키드**(Fen Orchid) 훌륭함		**30일** **금 사슬나무**(Golden-Chain) 슬픈 아름다움

네잎클로버 (녹색) Clover

꽃말: 사랑과 희망찬 행복을 당신께

1일 **카우슬립 앵초**(Cowslip) 젊은 날의 슬픔	16일 **조팝나무**(Hieracium) 선언, 노련하다
2일 **미나리아재미**(Butter Cup) 천진난만함	17일 **노란 튤립**(Tulipa) 사랑의 고백
3일 **민들레**(Dandeliton) 신탁, 내 사랑 그대에게	18일 **옥슬립 앵초**(Oxlip) 첫사랑, 청춘시대
4일 **딸기**(Strawberry) 존중과 애정, 행복한 가정	19일 **아리스타타**(Aristata) 아름다움의 소유자
5일 **은방울꽃**(Maylily) 섬세함, 행복의 기별	20일 **괭이밥**(Wood Sorrel) 빛나는 마음, 기쁨
6일 **비단향꽃무**(Stock) 영원한 아름다움	21일 **담홍색 참제비고깔**(Larkspur) 자유
7일 **딸기잎**(Strawberry) 사랑과 존경	22일 **귀고리 꽃**(Ear Drops) 열렬한 마음
8일 **수련**(Water Lily) 청순한 마음, 청정	23일 **풀의 싹**(Leaf Buds) 첫사랑의 추억
9일 **겹벚꽃**(Prunus) 정숙, 단아함, 절세의 미인	24일 **헬리오토로프**(Heliotorope) 사랑이여 영원하라
10일 **꽃창포**(Flag Iris) 우아한 마음	25일 **삼색 제비꽃**(Pansy) 순애, 나를 생각하다
11일 **사과**(Apple) 유혹	26일 **올리브나무**(Olive) 평화
12일 **라일락**(Lilac) 사랑의 싹, 우정, 기쁨	27일 **데이지**(Daisy) 순수한 마음, 평화
13일 **산사나무**(Hawthorn) 유일한 사랑, 관용	28일 **박하**(Mint) 미덕, 순진한 마음
14일 **매발톱꽃**(Columbine) 승리의 맹세, 미덕, 결백	29일 **토끼풀**(Clover) 쾌활, 약속, 행운, 평화
15일 **물망초**(Forget-me-not) 진실한 사랑, 나를 잊지 마세요	30일 **보랏빛라일락**(Lilac) 사랑의 싹이 트다, 젊은 날의 회상	31일 **무릇**(Scilla) 강한 자제력, 자랑

스 위 트 피 (분홍색) Sweet Pea

꽃말: 기쁨이 넘치는 아름다운 추억을 당신과 함께

	1일 **장미**(Madien Blush Rose) 나의 마음 그대만이 아네		16일 **튜베로즈**(Tube Rose) 위험한 쾌락	
	2일 **빨간 매발톱꽃**(Columbine) 솔직		17일 **토끼풀**(Clover) 감화	
	3일 **아마**(Plax) 감사		18일 **백리향**(Thyme) 용기	
	4일 **장미**(Damaskrose) 아름답게 빛나는 얼굴 모습		19일 **장미**(Sweet Brier) 사랑	
	5일 **메리골드**(Marigold) 가련한 애정		20일 **꼬리풀**(Speedwell) 달성	
	6일 **노란 붓꽃**(Yellow Water Flag) 믿는 자의 행복		21일 **달맞이꽃**(Evening Primose) 자유스러운 마음	
	7일 **슈미트티아나**(Schmidtiana) 사모하는 마음		22일 **가막살나무**(Vihurnum) 사랑은 죽음보다 강하다	
	8일 **재스민**(Jasmine) 사랑스러움		23일 **접시꽃**(Holly Hock) 열렬한 연예	
	9일 **스위트 피**(Sweet Pea) 우아한 추억		24일 **버베나**(Garden Verbena) 가족의 화합	
	10일 **수염패랭이꽃**(Sweet-William) 의협심		25일 **나팔꽃**(Morning Glory) 덧없는 사랑	
	11일 **중국패모**(Fritillaria Thunbergii) 위엄		26일 **흰 라일락**(Lilac) 아름다운 맹세	
	12일 **레제다 오도라타**(Reseda Odorata) 매력		27일 **시계꽃**(Passion Flower) 성스러운 사랑	
	13일 **디기칼리스**(Fox Glove) 가슴 속의 생각		28일 **제라늄**(Geranium) 그대가 있기에 행복이 있네	
	14일 **뚜껑별꽃**(Anagallis) 추상		29일 **빨간 제라늄**(Geranium) 그대가 있어 사랑이 있네	
	15일 **카네이션**(Carnation) 정열		30일 **인동**(Honey Suckle) 사랑의 인연	

초 샐 비 어 (진홍색) Salvia
꽃말: 불타는 사랑으로 당신을 포옹합니다

1일 **단양쑥부쟁이**(Fig Marigold) 태만		16일 **비단향꽃무**(Stock) 영원한 아름다움	
2일 **금어초**(Snap Dragon) 욕망		17일 **흰색장미**(White Rose) 존경	
3일 **흰색 양귀비**(Papaver) 망각		18일 **이끼 장미**(Moss Rose) 가련함	
4일 **자목련**(Lily Magnolia) 자연애		19일 **백부자**(Aconite) 아름답게 빛나다	
5일 **라벤더**(Lavendor) 풍부한 향기		20일 **가지**(Egg Plant) 진실	
6일 **해바라기**(Sun Flower) 애모		21일 **노란장미**(Yellow Rose) 아름다움	
7일 **서양끼치밥나무**(Goose Berry) 예상		22일 **패랭이꽃**(Superb Pink) 사모	
8일 **버드푸트** 다시 만날 날까지		23일 **장미**(York & Lancaster Rose) 아름다움	
9일 **아이비 제라늄**(Ivyleaved Geranium) 진실한 애정		24일 **연령초**(Trillum) 그윽한 마음	
10일 **초롱꽃**(Canterbery Bell) 감사		25일 **말오줌나무**(Elder-Tree) 열심	
11일 **아스포델**(Asphodel) 나는 당신의 것		26일 **향쑥**(Wornwood) 평화	
12일 **좁은입배풍동**(Solanum) 참을 수 없어		27일 **제라늄**(Geranium) 진실한 애정	
13일 **잡초의 꽃**(Flower of Grass) 실세식인 사림		28일 **패랭이꽃**(Dianthos Superbus) 인제니 시긍	
14일 **플록스**(Phlox) 온화		29일 **선인장**(Cactus) 불타는 마음	
15일 **들장미**(Austrian Briar Rose) 사랑스러움		30일 **서양쭝 보리수**(Line Tree, Linden) 부부애	31일 **호박**(Pumpkine) 쌍내암

나 리 (흰색과 빨강) Lily

꽃말: 마음씨 고운 당신께 바칩니다

1일 **빨간 양귀비**(Papaver) 위로, 허영, 위안	**16일** **타마린드**(Tamarindus) 사치		
2일 **수레국화**(Corn Flower) 행복, 섬세한 미, 고독	**17일** **튤립나무**(Tulip-Tree) 전원의 행복, 자애, 매혹		
3일 **수박풀**(Flower of an Hour) 아가씨의 아름다운 자태	**18일** **접시꽃**(Holly Hock) 열렬한 사랑		
4일 **옥수수**(Corn) 재보	**19일** **로사 캠피온**(Rosa Campion) 성실		
5일 **엘리카**(Heath) 고독, 쓸쓸함	**20일** **프리지아**(Freesia) 순결, 천진난만, 순진		
6일 **능소화**(Trumpet Flower) 명예, 여성	**21일** **짚신나물**(Agrimony) 감사		
7일 **석류**(Pomagranate) 원숙한 아름다움, 애교, 명쾌한 승리	**22일** **스피리아**(Sprirea) 노력		
8일 **진달래**(Azalea) 사랑의 희열, 신념, 청렴, 절제	**23일** **서양종 보리수**(Lime Tree, Linden) 부부애, 해탈, 결혼		
9일 **시스터스**(Cistus) 인기	**24일** **금잔화**(Calendula) 이별의 슬픔, 비애, 실망		
10일 **이끼**(Moss) 모성애, 실연의 고독	**25일** **안스룸**(Flaming Flower) 사랑에 번미하는 마음		
11일 **빨간무늬제라늄**(Geranium Zonal) 위안	**26일** **하이포시스 오리어**(Hypoxis Aurea) 빛을 찾다		
12일 **협죽도**(Oleander) 위험, 당신에게 동의한다	**27일** **고비**(Osumunda) 몽상		
13일 **골든로드**(Golden Rod) 경계	**28일** **에린지움**(Erygium) 비밀스런 애정		
14일 **저먼더**(Wall Germander) 경애, 담백	**29일** **꽃담배**(Flowering Tabacco Plant) 그대 있어 외롭지 않네		
15일 **해바라기**(Sun Flower) 광휘, 숭배, 경모	**30일** **저먼더** (Wall Germander) 담백, 경애	**31일** **토끼풀**(Clover) 약속, 행운, 평화	

수레국화 (파랑) Cornflower

꽃말: 나는 정말 행복합니다

1일 **호랑이꽃**(Tiger Flower) 나를 사랑해 주세요	**16일** **용담**(Gentina) 슬픈 그대가 좋아
2일 **멕시칸 아이비**(Cobaea) 변화	**17일** **에리카**(Heath) 고독, 쓸쓸함
3일 **마거리트**(Marguerite) 마음속에 감춘 사랑, 예언, 자유, 이해	**18일** **엉겅퀴**(Thistle) 엄격, 고독한 사람, 근엄
4일 **뱀무**(Geum) 만족된 사랑	**19일** **사초**(Carex) 자중
5일 **느룹나무**(Elm) 신뢰, 위엄	**20일** **로즈메리**(Rosemary) 나를 생각해요
6일 **한련**(Nasturtium) 애국심, 변덕	**21일** **사프란**(Autumn Crocus) 후회스런 청춘, 지나간 행복, 즐거움
7일 **오렌지**(Orange) 새색시의 기쁨, 관대	**22일** **퀘이킹 글라스**(Quaking Grass) 흥분
8일 **갓**(Mustard) 무관심	**23일** **주목**(Yew Tree) 고상함, 명예, 비애, 죽음
9일 **갓개미취**(Michaelmas Daisy) 추억, 추상	**24일** **오렌지**(Orange) 새색시의 기쁨, 관대
10일 **흰색 과꽃**(China-Aster) 믿는 마음, 모정	**25일** **메귀리**(Animated Oat) 음악을 좋아함
11일 **알로에**(Aloe) 꽃도 잎새도	**26일** **감**(Date Plum) 자연미, 경이, 자애, 소박
12일 **클래마티스**(Clematis) 마음의 아름다움, 고결	**27일** **떡갈나무**(Oak) 사랑은 영원히, 공명정대, 환대, 건강
13일 **버드나무**(Weeping Willow) 솔직, 노력	**28일** **색비름**(Love-Lies a Bleeding) 애징, 허식
14일 **마르멜로**(Quince) 유혹	**29일** **사과**(Apple) 명성, 유혹
15일 **다알리아**(Dahlia) 화려함, 불안정	**30일** **삼나무**(Cedar) 웅대, 결실, 감사

코 스 모 스 (우유색과 빨강) Cosmos

꽃말: 순결한 마음이 자아내는 하모니를 당신께

	1일 **빨간 국화**(Chrysanthemum) 사랑		16일 **이끼 장미**(Moww Rose) 순진무구	
	2일 **살구**(Apricot) 아가씨의 수줍음		17일 **포도**(Grape) 신뢰	
	3일 **단풍나무**(Maple) 자제		18일 **넌출월귤**(Cranberry) 마음의 고통을 위로하다	
	4일 **홉**(Common Hop) 순진무구		19일 **빨간 봉선화**(Pine) 날 건드리지 마세요	
	5일 **종려나무**(Windmill Palm) 승리		20일 **마**(Indian Hemp) 운명	
	6일 **개암나무**(Hazel) 화해		21일 **엉겅퀴**(Thistle) 독립	
	7일 **전나무**(Fir) 고상함		22일 **벗풀**(Arrow-Head) 신뢰	
	8일 **파슬리**(Parsley) 승리		23일 **흰독말풀**(Thom Apple) 경애	
	9일 **회향**(Fennel) 극찬		24일 **매화**(Prunus Mume) 고결한 마음	
	10일 **멜론**(Melon) 포식		25일 **단풍나무**(Aceracede) 염려	
	11일 **부처꽃**(Lythrum) 사랑의 슬픔		26일 **수영**(Rumex) 애정	
	12일 **월귤**(Bilberry) 반항심		27일 **들장미**(Briar Rose) 시	
	13일 **조팝나무**(Spirea) 단정한 사랑		28일 **무궁화**(Rose of Sharon) 미묘한 아름다움	
	14일 **흰색국화**(Chrysanthemum) 진실		29일 **해당화**(Crab Apple) 이끄시는 대로	
	15일 **스위트 바쥴**(Sweet Basil) 좋은 희망		30일 **로벨리아** (Lobelia) 악의	31일 **칼라**(Calla) 열혈

11월 탄생화, 일별 탄생화

앵 초 (와인색) Primrose

꽃말: 강인함이 감춰진 당신의 정열은 곧 나의 운명

	1일 **서양모과**(Medlar) 유일한 사랑		16일 **크리스마스 로즈**(Christmas Rose) 추억, 근심을 풀어주세요
	2일 **루피너스**(Lupinus) 모성애, 행복		17일 **머위**(Sweet-Scented Tussilage) 공평
	3일 **브리오니아**(Bryonia) 거절		18일 **산나리**(Hill Lily) 장엄, 순결
	4일 **골고사리**(Hart's-Tongue Feen) 진실의 위안		19일 **범의귀**(Aron's Beard) 비밀
	5일 **단양쑥부쟁이**(Fig Marigold) 공훈		20일 **뷰글라스**(Bugloss) 진실
	6일 **둥골나물**(Agrimony Eupatoire) 주저		21일 **초롱꽃**(Campanula) 성실, 충실
	7일 **메리골드**(Marigold) 이별의 슬픔, 비애, 실망		22일 **매자나무**(Berberis) 까다로움
	8일 **가는동자꽃**(Lychnis Flos-Cucuil) 기지		23일 **양치**(Fern) 성실
	9일 **몰약의 꽃**(Myrrh) 진실		24일 **가막살나무**(Vivurnum) 사랑은 죽음보다 강하다
	10일 **부용**(Hibiscus Mutabilis) 섬세한 아름다움, 정숙한 여인		25일 **개옻나무**(Rhus Continus) 현명
	11일 **흰동백**(Camellia) 비밀스런 사랑, 겸손한 아름다움		26일 **서양톱풀**(Yarrow) 지도, 숨은 공적, 충실
	12일 **레몬**(Lemon) 진심으로 사모함, 정절, 열의		27일 **붉나무**(Phus) 신앙
	13일 **레몬 버베나**(Lemon Verbena) 인내		28일 **과꽃**(China Aster) 추상, 아름다운 추억
	14일 **소나무**(Pine) 불로장생, 영원한 불변		29일 **바카리스**(Baccharis) 개척
	15일 **황금싸리**(Crowen Vetch) 섬손		30일 **낙엽**(Dry Grasses) 새봄을 기다림

그레이프 히야신스 (파랑) Grape hyacinth

꽃말: 강인함이감춰진 당신의 정열은 곧 나의 운명

	1일 **쑥 국화**(Tansy) 평화		16일 **오리나무**(Alder) 장엄
	2일 **이끼**(Moss) 모성애		17일 **벚꽃난**(Honey-Plant) 동감
	3일 **라벤더** 기대		18일 **세이지**(Sage) 가정의 덕
	4일 **수영**(Rumex) 애정		19일 **스노 플레이크**(Snow Flake) 아름다움
	5일 **앰브로시아**(Ambrosia) 행복한 연애		20일 **파인애플**(Pineapple) 완전무결
	6일 **바위치**(Saxifraga) 절실한 사랑		21일 **박하**(Mint) 덕
	7일 **양치**(Fern) 신뢰		22일 **백일홍**(Zinnia) 행복
	8일 **갈대**(Reed) 깊은 애정		23일 **플라타너스**(Platanus) 천재
	9일 **국화**(Chrysanthemum) 고결		24일 **겨우살이**(Laranthaceac) 강한 인내심
	10일 **빨간 동백**(Camellia) 고결한 이성		25일 **서양호랑가시나무**(Holly) 선견지명
	11일 **단양쑥부쟁이**(Fig Marigold) 애국심		26일 **크리스마스 로즈**(Christamas Rose) 추억
	12일 **목화**(Cotton Plant) 우수		27일 **매화**(Prunus Mume) 맑은 마음
	13일 **자홍색 국화**(Chrysanthemum) 사랑		28일 **석류**(Pomegranate) 원숙미
	14일 **소나무**(Pine) 용감		29일 **꽈리**(Winter Cherry) 자연미
	15일 **서향**(Winter Daphne) 불멸		30일 **납매** (Carolina Allspice) 자애 / 31일 **노송나무** (Chamaecyparis) 불멸